C.H.BECK ■ WISSEN

in der Beck'schen Reihe

„Als die Römer frech geworden ..., zogen sie nach Deutschlands Norden." Unübersehbare Zeugnisse der sprichwörtlich gewordenen antik-römischen Expansion begegnen uns auch heute noch allenthalben in baulichen Überresten wie dem Limes und in zahlreichen Einzelfunden. Aber der Kontakt zwischen den Römern und den germanischen Stämmen gestaltete sich weit vielfältiger, als es die in der Vergangenheit gerne chauvinistisch stilisierte Varusschlacht im Teutoburger Wald (9 n. Chr.) und die Überreste bzw. Rekonstruktionen der römischen Verteidigungsanlagen vermuten lassen. Spannend und informativ stellt Reinhard Wolters die rund fünfhundertjährige Geschichte der Römer in Germanien und ihre weitreichenden, Kultur und Geschichte unserer Heimat prägenden Folgen dar.

Reinhard Wolters lehrt als Außerplanmäßiger Professor für Alte Geschichte an der Universität Braunschweig. In mehreren Monographien und grundlegenden Aufsätzen hat er sich mit der germanischen Gesellschaft und den römisch-germanischen Beziehungen beschäftigt. Weiterer Forschungsschwerpunkt ist die antike Wirtschaftsgeschichte. Zuletzt ist vom ihm im Verlag C.H.Beck erschienen: „Nummi Signati. Untersuchungen zur römischen Münzprägung und Geldwirtschaft", Vestigia 49, 1999.

Reinhard Wolters

DIE RÖMER IN GERMANIEN

Verlag C.H. Beck

Mit 16 Abbildungen, davon 7 Karten

Die Deutsche Bibliothek – CIP-Einheitsaufnahme

Wolters, Reinhard:
Die Römer in Germanien / Reinhard Wolters. –
Orig.-Ausg. – München : Beck, 2000
(C. H. Beck Wissen in der Beck'schen Reihe ; 2136)
ISBN 3 406 44736 8

Originalausgabe
ISBN 3 406 44736 8

Umschlagentwurf von Uwe Göbel, München
Umschlagmotiv: Ausschnitt aus der *Tabula Peutingeriana,*
einer mittelalterlichen Karte der Alten Welt, 34 cm hoch und 6,8 m lang;
Original in der Österreichischen Nationalbibliothek, Wien
© C. H. Beck'sche Verlagsbuchhandlung (Oscar Beck), München 2000
Gesamtherstellung: C. H. Beck'sche Buchdruckerei, Nördlingen
Printed in Germany

Inhalt

Einleitung

„2000 Jahre Römer in Germanien" – zahlreiche Städte wie Augsburg, Bonn, Köln, Neuss oder Trier haben in den letzten Jahren unter diesem oder einem ähnlichen Motto ihre Anfänge gefeiert. Nicht mehr lange dauert es, bis im Jahre 2009 mit „2000 Jahre Varusschlacht" des wohl bekanntesten Ereignisses der römisch-germanischen Beziehungen gedacht wird, dem durch die spektakulären Ausgrabungen von Kalkriese ganz neue Aktualität zugewachsen ist. Sicherlich wird jemand auf die Idee kommen, zu diesem Anlaß eine Ausstellung oder ein Buch „2000 Jahre Römer *aus* Germanien" zu betiteln. Doch wie immer die Sympathien oder gar mögliche Identifikationen verteilt sein mögen: Die Jubiläen erinnern daran, daß die römische Vergangenheit viele Anfänge in unserem Raum gesetzt hat – Anfänge, die nicht nur bis in die Gegenwart weiterzuverfolgen sind, sondern die diese Gegenwart in vielfacher Weise konstituieren. Zugleich zeigen sie eine breite Bereitschaft, die Römerzeit als prägenden Teil der eigenen Kultur anzunehmen und sich weiterhin mit ihr auseinanderzusetzen.

Verfolgt man die eingangs genannten Städtenamen auf einer Landkarte, so ist zu erkennen, daß dieses Erbe im deutschsprachigen Raum nicht gleich verteilt ist: Alle Orte befinden sich links des Rheins oder südlich der Donau. Sie markieren eine Linie, bis zu der das Römische Reich als politisches Gebilde vorstoßen konnte. Zwar lassen sich auch jenseits dieser Ströme römische Orte finden – so blickte vor nicht allzu langer Zeit der Bergkamener Stadtteil Oberaden auf seine 2000 Jahre alten Anfänge zurück; das westfälische Haltern und Anreppen, das hessische Lahnau-Waldgirmes und das fränkische Marktbreit und andere Orte mehr dürften gerade in diesen Jahren mit derselben Rundzahl, wenn man die Anfänge denn ganz genau datieren könnte, an ihre römischen Vorgänger erinnern –, doch im Gegensatz zu den bis in die heutigen Stadtgrundrisse römisch geprägten Städten an Rhein und Donau müssen die materiellen Spuren der Römer an diesen Orten von den Archäologen erst mühsam sichtbar gemacht werden: Eine vergleichbare römisch geprägte zivilisatorische Entwicklung, mit ihrer überall noch sichtbaren Intensität, Qualität und Nachhaltigkeit, haben die rechtsrheinischen Militäranlagen und Zivilplätze Roms nicht genommen. In den seltensten Fällen konnte sich an diesen Plätzen überhaupt eine Kontinuität der Siedlung ausbilden.

Was durch die anstehenden Jubiläen zu einem zeitlichen Horizont zusammenschmilzt, ist zugleich die Entstehung einer Grenze. Die Ausdehnungsversuche des von den Römern als prinzipiell unbegrenzt angenommenen Römischen Reiches blieben hier letztlich in ihren Aufmarschpositionen stecken. Die politischen Einfluß- und Herrschaftsbereiche Roms rechts des Rheins, die sich vorübergehend sogar bis zur Elbe erstreckten, gingen nach rund 20 Jahren als eine Folge der Vernichtung des Varusheeres im Jahre 9 n. Chr. verloren. Kurzfristige Versuche, die römische Herrschaft über diese Gebiete wieder herzustellen, wurden alsbald abgebrochen. Allein in Hessen nördlich des Mains und in Baden-Württemberg östlich des Rheins kam es noch zu einer etappenweisen Verschiebung der römischen Grenze nach Osten: Butzbach, Heddernheim, Heilbronn, Bad Cannstatt, Rottweil, Lorch, Aalen und viele andere mehr haben entsprechend noch etwas Zeit, sich auf ihre Doppelmillenniumsfeier vorzubereiten.

Die westlich des Rheins und südlich der Donau gelegenen Gebiete nahmen als Angehörige des *Imperium Romanum* für nahezu fünf Jahrhunderte an dem wirtschaftlichen und kulturellen Austausch im Römischen Reich teil und öffneten sich in vielfacher Weise der Mittelmeerzivilisation. Wachstum und architektonisches Aufblühen der großen Städte sind nur besonders sinnfällige Zeugnisse dieses Prozesses. Ganz anders verlief dagegen die Entwicklung jenseits dieser Ströme. Hier blieb die Gesellschaft weiterhin in Stammesstrukturen organisiert und fern von jeder Urbanität. Siedelte in vorrömischer Zeit diesseits und jenseits von Rhein und Donau eine durchaus homogene Bevölkerung mit vielfachen Kontakten auch über die Flüsse hinweg, so entwickelte sich jetzt mit der politischen Grenzziehung nach und nach eine ökonomische kulturelle und in gewissem Sinne auch ethnische Grenze. Gleichwohl: Genaueres Beobachten zeigt, daß die Gebiete jenseits des auch als bauliche Barriere verfestigten Limes keineswegs vom Römischen Reich ausgesperrt waren, sondern wirtschaftliche und politische Kontakte in je wechselnder Kontinuität fortbestanden.

Wenn im folgenden die römischen Anfänge in Nordwesteuropa vorgestellt werden, so liegt der besondere Reiz für eine Beschäftigung mit dieser Region darin, daß wir es hier zugleich mit einer Grenzzone des *Imperium Romanum* zu tun haben: Das Aufeinandertreffen von römischer Zivilisation und einer von den Römern als barbarisch empfundenen Randkultur, die Romanisierung des einen Teils und die – nach den abgebrochenen römischen Anfängen – dann in vielem doch unabhängige Entwicklung des anderen Teils erhellen sich gegenseitig und lassen die erfolgten Veränderungen scharf hervortreten. Der Vorgang der römischen Expansion, die Romanisierung selbst, das Ende und die Nachwirkungen des Römischen Reiches werden hier weitaus transparenter als an anderen Orten.

Zugleich soll mit diesem Rückblick eine Phase der eigenen Vorgeschichte wieder lebendig gemacht und in ihren Zusammenhängen verdeutlicht werden. Vielleicht gelingt es, auf diesem Weg die vielfach sichtbaren Spuren der eigenen Geschichte besser zu erkennen und ihren Entwicklungsgang leichter nachzuvollziehen. Nicht zuletzt ist es das Christentum – gemeinsam mit der germanischen und der römischen Kultur drittes Fundament des mittelalterlichen Europa –, das unter den Bedingungen des römischen Weltreiches seine Ausdehnung auch bis nach Nordwesteuropa erfuhr: Wenn die unser Zeitdenken prägende christliche Ära uns in diesen Jahren schließlich die Millenniumsfeiern begehen läßt, so ist auch diese, ja keineswegs von allen Kulturen geteilte Zählung auf der Grundlage von Caesars reformierten Sonnenkalender ein weiteres Element unseres täglichen römischen Erbes.

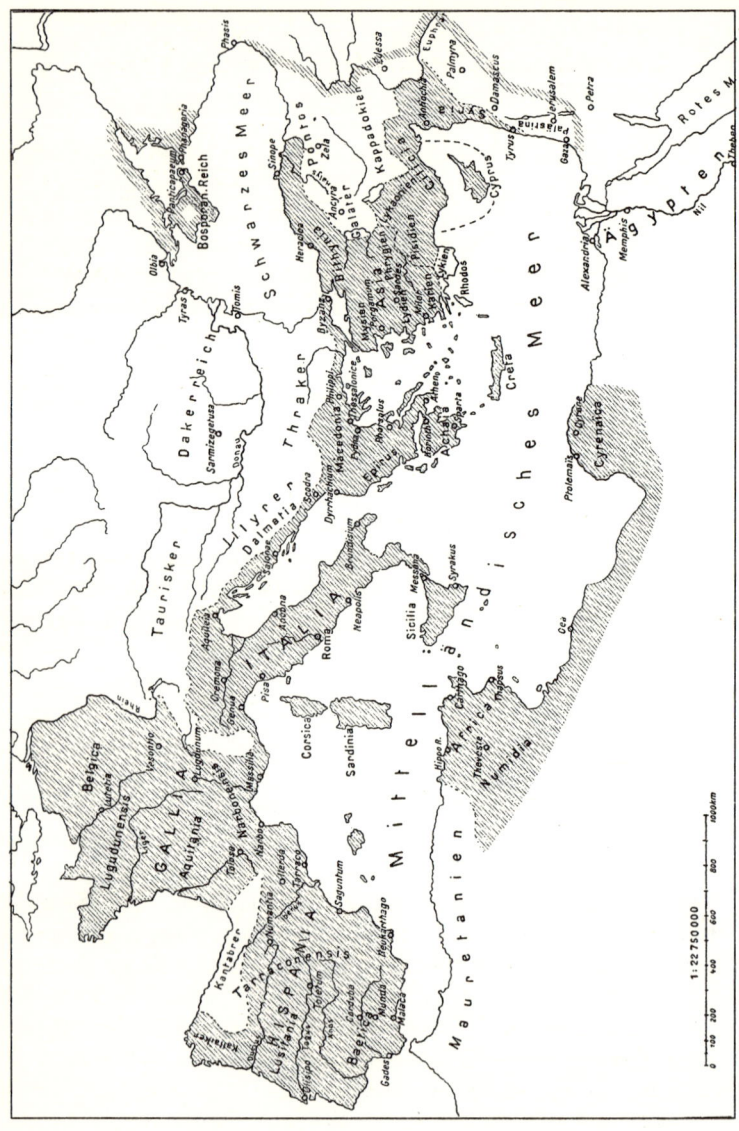

Abb. 1: Das Römische Reich zur Zeit Caesars

1. Die geographischen und ethnographischen Vorstellungen von Nordeuropa in der Antike

Der europäische Norden wurde den Römern erst spät bekannt. Als das Römische Reich bereits Italien, Griechenland, Kleinasien, Syrien, Nordafrika und Spanien umfaßte und die ganze Mittelmeerwelt kontrollierte, standen die geographisch weitaus näher gelegenen nördlichen Gebieten – schon mit dem Alpenraum beginnend – noch außerhalb römischer Kontrolle und weitgehend außerhalb des römischen Erfahrungsbereichs.

Kursorisch waren auch die geographischen Kenntnisse der Römer über Nord- und Nordwesteuropa. Die früheste, stark von philosophischen Ordnungsvorstellungen geprägte griechische Geographie kannte drei Erdteile, nämlich Europa, Asien und Afrika, die zusammengenommen einen Kreis füllen würden. Durch Mittelmeer und Arabischen Golf getrennt nahmen Europa danach die obere Hälfte, Afrika und Asien in annähernd symmetrischer Form je ein unteres Viertel ein. Rings umgeben wurden die kontinentalen Landmassen von dem *Oceanus*. Zu ihm öffnete sich das Mittelmeer hinter der Meerenge von Gibraltar, doch auch der Arabische Golf oder das Kaspische Meer galten als Einbuchtungen des Ozeans.

Kolonisation, bereits wissenschaftlich angelegte Erkundungen, Handelsbeziehungen und politische Kontakte, vor allem aber die Expansion des Alexanderreiches trugen dazu bei, daß die Kenntnisse über den Mittelmeerraum, über Afrika und insbesondere Asien erheblich verbessert und differenzierter wurden. Die Summe des Wissens aus spekulativen Weltbildern, mathematisch-astronomischen Berechnungen und vielfacher Empirie trug im 3. Jahrhundert v. Chr. der griechische Gelehrte Eratosthenes von Kyrene zu einer *Geographie* und einer weiteren Schrift über die Erdmessung zusammen, wodurch er für lange Zeit zur maßgeblichen Autorität auf diesem Gebiet wurde (Abb. 2). Zu seinen besonderen Leistungen zählt die mit 252000 Stadien (das entspricht 36690 Kilometern) erstaunlich genaue Berechnung des Umfangs der Erdkugel, deren

Oberfläche er zugleich schon in Längen- und Breitenkreise einteilte.

Der Westen Europas mit Italien und Spanien wurde von ihm bereits relativ genau beschrieben, doch der Norden verlor sich immer noch in einer eher schematischen Landmasse. Das Kaspische Meer galt weiterhin als zum Ozean hin offen, und die Rheinmündung wurde auf fast derselben Breite wie die Nordküste des Schwarzen Meeres angesetzt.

Während das Schwarze Meer durch die griechische Kolonisation bekannt war und man annahm, daß nördlich davon bis zum Ozean die Skythen lebten, lag an konkreten Erkundungen für das westlich davon angesetzte Gebiet der Kelten im Prinzip nur die berühmte Beschreibung der Nordfahrt des Pytheas vor. Am Ende des 4. Jahrhunderts v. Chr. war der Seefahrer und Geograph von *Massalia* (Marseille) aus über den Atlantischen Ozean bis Britannien vorgestoßen und hatte die Insel umfahren. Anschließend segelte er weiter durch die Nordsee Richtung Osten, doch es ist unsicher, wie weit er gelangte. Jütland dürfte von ihm nicht mehr umschifft worden sein. Pytheas erwähnte in diesem Raum das Wattenmeer, berichtete von Bernsteinvorkommen und nannte mit den Guionen und Teutonen erste Völkernamen dieser nördlichen Region.

Nahmen Griechen wie Römer im äußersten Norden noch für lange Zeit die Existenz von allerlei Fabelvölkern an – wie etwa die sich allein von Sumpfvogeleiern und Hafer ernährenden Oenonen, die pferdefüßigen Hippopoden und die nur durch ihre großen Ohren bekleideten Panuatier –, so wurden die konkreten Vorstellungen der Römer von den im Norden wohnenden Menschen durch die Erfahrungen des Keltensturms geprägt: Um das Jahr 387 v. Chr. war es tief in Italien vorstoßenden Kelten gelungen, die aufstrebende Stadt Rom einzunehmen, weitgehend zu zerstören und die Bewohner zur Zahlung eines schmählichen Tributs zu zwingen. Das bei der Abwägung des Goldes zynisch gezischte *„vae victis"* – „Wehe den Besiegten" – mit dem der Keltenführer Brennus sein Schwert noch zusätzlich zu den von den Römern als manipuliert – weil zu schwer – empfundenen Gewichten in die Waag-

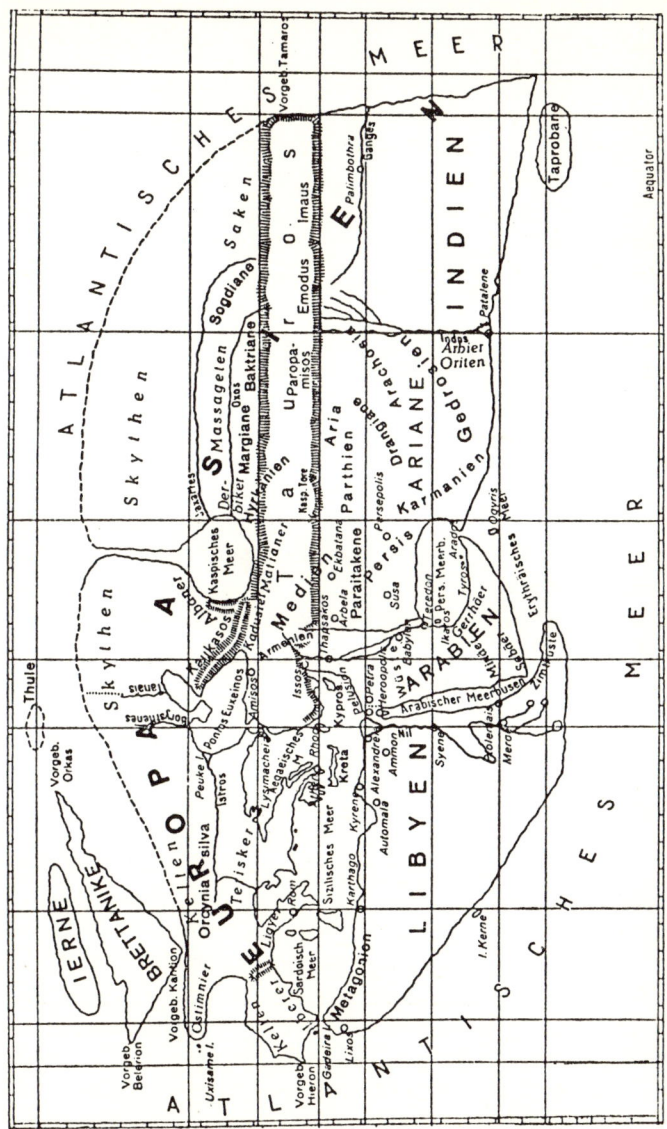

Abb. 2: Die Erdkarte des Eratosthenes (Rekonstruktion)

schale warf, blieb unvergessen. Es veranlaßte die römischen Politiker noch Jahrhunderte später, die Verhältnisse im Norden Italiens stets mit allergrößtem Mißtrauen und mit durchaus existentieller Angst zu beobachten.

Mehr als zwei Jahrhunderte nach dem Keltensturm schien sich diese elementare Gefährdung zu wiederholen. Aus dem Norden Europas, vermutlich von Jütland, waren Kimbern aufgebrochen, die auf ihrer jahrelangen Suche nach neuen Wohnsitzen mit ihren Familien schließlich bis in den Alpenraum vordrangen. Die Bereitschaft zum Verlassen angestammter Wohngebiete war damals in Nordeuropa insgesamt, vielleicht aufgrund sich verschlechternder klimatischer Bedingungen, erheblich gestiegen: Zahlreiche Gruppen wie etwa die Teutonen, Ambronen und Tiguriner schlossen sich den Kimbern an, andererseits kam es aber auch immer wieder zu Abspaltungsbewegungen und erfolgreichen Landnahmen.

Die Rom gänzlich unverständliche Mobilität dieser Gruppen, die damit verbundene nomadische Lebensweise und die schon in der Kleidung abweichende äußere Erscheinung beunruhigten zutiefst. Sie schienen eine existentielle Bedrohung der römisch-imperialen Ordnung und der Zivilisation überhaupt zu sein. Versuche, das Fremde begreifbar zu machen, waren einerseits, die nördlichen Völker als Repräsentanten einer früheren Kulturstufe zu sehen, wie man sie sich in Rückzugsgebieten und in den äußersten Zonen der bekannten Welt vorstellte. Mit Hilfe griechischer Kulturentwicklungstheorien erlaubte dieses zugleich die Zuschreibung zahlreicher für die jeweilige Kulturstufe als charakteristisch angesehener Merkmale und Verhaltensweisen.

Ein anderer und gleichfalls von den Griechen schon entwickelter Weg zur Erklärung und damit zur Einordnung des Fremden in die eigene Welt war, die besondere physische und psychische Disposition der Menschen auf die klimatischen Bedingungen ihrer Heimat zurückzuführen: *„Die Völker, die im Norden leben, sind mit ungeheuer großen Körpern, heller Farbe, geraden und rötlichen Haaren, blauen Augen und viel Blut gebildet infolge der Fülle der Feuchtigkeit und des kalten*

Klimas. Die aber zunächst dem Südpol und unter der Sonnen-
bahn wohnen, werden infolge der starken Sonnenbestrahlung
mit kürzeren Leibern, dunkler Farbe, krausem Haar, schwar-
zen Augen, schwachen Beinen und mit wenig Blut geschaffen.
Daher sind sie auch, weil sie wenig Blut haben, ängstlicher,
dem Eisen Widerstand zu leisten, aber Hitze und Fieber ertra-
gen sie ohne Furcht, weil ihre Glieder mit der Hitze aufge-
wachsen sind. Daher fürchten die Körper, die im Norden gebo-
ren werden, das Fieber mehr und sind anfällig; infolge ihrer
Blutfülle aber leisten sie dem Eisen ohne Furcht Widerstand"
(Vitruv 6,1,3 f. Übers. von C. Fensterbusch).

In derartigen Erklärungen verbanden sich Erfahrungen mit
theoretischen Überlegungen, doch war diesen Modellen auch
stets die gedankliche Konstruktion zu eigen, in Ergänzung
eigener Beobachtungen und teils auch gegen sie. Eine überdies weitgehende Abhängigkeit derartiger „wissenschaftlicher"
Theorien von zeitgenössischen Erfahrungen zeigt sich daran,
daß die Griechen vor dem Hintergrund der Auseinandersetzung mit den Persern ein klimatisches West-Ost-Gefälle konstruierten, während die Römer mit Blick auf die Kelten eine
Süd-Nord-Skala anlegten. Ideale Klimazone zur optimalen
Entfaltung der körperlichen und geistigen Gaben war in beiden
Fällen die jeweils eigene Heimat der Interpreten, d. h. Griechenland und später dann Italien.

Es zählt zu den Besonderheiten der Auseinandersetzung
Roms mit den Nordvölkern, daß der Ehrgeiz einzelner römischer Heerführer immer wieder die ansonsten traumatischen
Ängste vor diesen Völkern noch übertraf. Der Konsul Gnaeus
Papirius Carbo eröffnete 113 v. Chr. in Erwartung eines ruhm-
vollen Sieges heimtückisch den Kampf gegen die Kimbern, die
nach zuvor geführten Verhandlungen schon bereitwillig ab-
rückten. Das Schicksal vergalt ihm dies in Form einer ver-
nichtenden Niederlage. Die Schlacht beim alpenländischen
Noreia galt noch dem Historiker Tacitus am Ende des 1. Jahrhunderts n. Chr. als Ausgangspunkt eines grundlegenden
römisch-germanischen Gegensatzes – wenn die Zeitgenossen
die Kimbern auch noch als Kelten und nicht als Germanen ein-

ordneten. Im Jahr 105 v. Chr. erlitten die Römer in der Schlacht von *Arausio* (Orange) mit angeblich 80 000 Gefallenen eine der größten Niederlagen ihrer Geschichte überhaupt. Ehr- und Eifersucht hatten ein gemeinsames Handeln der beiden Konsuln verhindert, deren Heere so nacheinander vernichtet wurden. Es war erst der militärisch weitaus nüchternere Marius, dem es nach über einem Jahrzehnt gelang, die Gefahr zu beseitigen. In zwei großen Schlachten, bei *Aquae Sextiae* (Aix-en-Provencee, 102 v. Chr.) und beim norditalischen *Vercellae* (101 v. Chr.) besiegte er die Kimbern und ihre Verbündeten. Marius schmückte fortan der Titel, dritter Gründer Roms zu sein. Gleichwohl blieben die Ängste vor den scheinbar stets aggresiven und aufgrund ihrer Wildheit kaum zu beherrschenden Völkern des Nordens weiterhin bestehen – und gegebenenfalls auch instrumentalisierbar.

2. Caesar am Rhein:
Zur Archäologie des Germanenbegriffs

Nach den Vorstellungen griechischer Geographen wurde der Norden Europas im Westen von den Kelten, im Osten von den Skythen bewohnt. Als Grenze zwischen beiden galt der *Tanais*, der heutige Don. „Germanen" werden für den Norden Europas erstmals von dem griechischen Universalgelehrten Poseidonios erwähnt. Er beschreibt sie in seinem großen, leider nur in Fragmenten erhaltenen Geschichtswerk am Anfang des 1. Jahrhunderts v. Chr. als Menschen, die *„als Frühstück Fleischstücke (essen), welche gliedweise gebraten sind; dazu trinken sie Milch und ungemischten Wein"* (Poseid. *Fragmente der griechischen Historiker* 87 F 22).

Die Beschreibung der Germanen durch Poseidonios gibt einen in der Antike durchaus geläufigen Typus wieder: Ähnlich beschrieb schon Homer die einäugigen Kyklopen oder Herodot die Skythen nördlich des Schwarzen Meeres. Die Charakterisierung als Fleischesser und Milchtrinker steht für eine frühe

Kulturstufe, wie sie sich Poseidonios hier am äußersten Rand der Welt vorstellte. Gleiches gilt für die „barbarische" Art, den Wein unvermischt zu trinken. Höchstwahrscheinlich dachte sich Poseidonios die Germanen noch als eine den Kelten zu-zuordnende, nur eben besonders primitive Kleingruppe im äu-ßersten Nordwesten Galliens.

Detailliertere Vorstellungen von Germanen kamen erst mit Caesar nach Rom, insbesondere durch seinen allen Lateinschü-lern bekannten *Commentarii* zum Gallischen Krieg. In einem anläßlich seines zweiten Rheinübergangs eingefügten Exkurs verglich er die Gallier mit den Germanen. Ausführungen über Politik, gesellschaftliche Gliederung, Verfassung, Rechtspre-chung und Kriegswesen, zudem über Religion, Brauchtum, Le-bensweise sowie schließlich Landschaft, Landwirtschaft und Klima bei den Galliern einer- und den Germanen andererseits führten seinen Lesern die grundsätzliche Verschiedenheit der Gebiete rechts und links des Rheins sowie ihrer Bewohner vor Augen. Indem Caesar die Germanen erstmals ausführlich be-schrieb und sie darüber hinaus als eigene Großgruppe den Gal-liern gegenüberstellte, vermittelte er die Vorstellung vom Rhein als einer ethnischen Grenze. Damit unterteilte Caesar den Norden Europas in eine von den Galliern, eine von den Ger-manen und eine von den Skythen besiedelte Zone. Von nun an wurde dies fester Bestandteil des geographischen und ethno-graphischen Wissens der Römer. Allein die griechischen Ge-lehrten unterschieden weiterhin nur zwischen den Kelten (den Galliern) im Westen und den Skythen im Osten.

Hinsichtlich dieses geographisch umrissenen, aber ethnisch verstandenen Germanenbegriffs ist Caesars eigener Bericht allerdings nicht ganz frei von Widersprüchen. So vermerkt er etwa für die meisten Stämme der linksrheinischen *Belgica* – zum Beispiel für die von ihm gleichwohl als Gallier angespro-chenen Treverer – eine germanische Herkunft. Einige kleinere Stämme links des Niederrheins, klassifizierte er ausdrücklich mit dem Oberbegriff *Germanen*. Dem Bild zweier durch den Rhein getrennter völlig unterschiedlicher Bevölkerungsgrup-pen widerspricht ebenfalls, daß die Menapier nach Caesars eigenen Worten dort an beiden Ufern siedelten und sich im Falle einer Bedrohung auf das jeweils andere Ufer zurückzogen. Und im Bereich des Mittel- und Oberrheins erwähnt Caesar schließlich Gruppen, die sich, aus Gallien kommend, rechtsrheinisch angesiedelt hatten.

Das heute von der Archäologie feststellbare Bild – selbst wenn sie aufgrund bestimmter in den Hinterlassenschaften erkennbarer Eigenheiten und übereinstimmender Formenkreise nur von Kulturen, nicht von Ethnien sprechen kann – ist ebenfalls nicht geeignet, die Vorstellung vom Rhein als einer starren Grenze zu bestätigen. Hier zeigt sich für die Zeit Caesars eine eher horizontale Abfolge von Kulturen, die jeweils den Rhein in beide Richtungen überschritten. Im Süden war es die keltische Latènekultur, gekennzeichnet durch stadtartige umwehrte *oppida*, Münzprägung, Geldwirtschaft und in bescheidenem Umfang auch Schriftgebrauch. Sie erstreckte sich vom zentralen Gallien über das Voralpenland und Donaugebiet bis nach Böhmen. Darüber ist im nördlichen Mittelgebirgsraum eine Übergangszone festzustellen, die zwar noch manche Kennzeichen der Latènezivilisation wie *oppida* und Münzprägung aufweist, jedoch in der ausgeprägten Sitte, Tote mit reichen Grabbeigaben auszustatten, ein eigenständiges Profil zeigt. Auch diese Kulturgruppe läßt sich beiderseits des Rheins nachweisen. Die Bestattungssitte dieser Übergangszone setzt sich schließlich im norddeutsch-niederländischen Flachland als dritter Zone fort, wo die *oppida* gänzlich fehlen und auch entwickeltere Produktions- oder Wirtschaftsformen nicht mehr feststellbar sind. Auch für diese Kulturgruppe bildete der Rhein keine Grenze.

Caesars Definition der Germanen erscheint vor diesem Hintergrund rätselhaft. Mehrmals ist auf die besondere Nützlichkeit dieses Konzepts für Caesar hingewiesen worden: Die Beschreibung des Rheins als ethnische Trennlinie machte den Strom zu einer natürlichen Grenze Galliens, was geeignet war, den Umfang der caesarischen Eroberungen implizit zu begründen. Verständlich gemacht werden konnte seinen Lesern damit auch, warum es zu keinem größeren Engagement in den Gebieten jenseits des Rheins mehr kam. Unverkennbar hat die Plazierung des Exkurses auch die Funktion, an dieser Stelle seines Kriegsberichts die eigentliche Untätigkeit während seines zweiten rechtsrheinischen Aufenthalts zu verhüllen und die unterlassene Verfolgung der suebischen Gruppen zu begründen.

Andererseits gebrauchte Caesar den Germanennamen schon im ersten Buch seiner *Commentarii*, und es war anscheinend nicht notwendig, ihn seinen Lesern eigens ausführlich zu erläutern. Verfolgt man den Germanennamen in den auf die früheste Zeit verweisenden literarischen Quellen, so fällt eine Verbindung mit dem norddeutsch-niederländischen Flachland auf. In dieser Region dürfte jene Gruppe gelebt haben, die Poseidonios zu Beginn des 1. Jahrhunderts v. Chr. überhaupt erstmals unter der Verwendung des Begriffs *Germanen* beschrieb, und in diesem Raum kannte Caesar auch die *Germani cisrhenani*. Der von Caesar vorgenommene verdeutlichende Zusatz *cisrhenani* ist Indiz dafür, daß *Germanen* die Selbstbezeichnung dieser Gruppe gewesen sein muß. In diesem Raum spielt auch aufgrund einer nicht ganz eindeutigen Verbindung mit den Tungrern als einer nach Gallien eingefallenen Germanengruppe der so oft traktierte „Namenssatz" des Tacitus: Demnach hätten diejenigen, die als erstes den Rhein überschritten und die Gallier vertrieben hatten, damals *Germanen* geheißen. Dieser Name sei sodann von den Galliern auf alle rechtsrheinischen Bewohner übertragen worden, und bald hätten diese ihn selbst angenommen (Tac. *Germania* 2,3). Und auch die Mannusgenealogie über die mythische Herkunft der Germanen scheint ihren Kern bei den Stämmen Nordwestdeutschlands zu haben, von wo aus sich die genealogische Perspektive dann erst nach Süden und Osten erweiterte.

Wenn die Anfänge des Germanennamens mit einer kleinen Gruppe im niederländisch-norddeutschen Flachland zu verbinden sind, so bleibt zu fragen, wie es dann zu der Ausdehnung des Namens auf alle rechtsrheinischen Bewohner und dem bei Caesar schließlich so ausführlich begründeten West-Ost-Gegensatz zwischen Kelten und Germanen gekommen ist.

Für die Ausdehnung ist die Annahme einer anfänglichen Fremdbezeichnung, ganz im Sinne des taciteischen Namenssatzes, durchaus plausibel. Da diese Fremdbezeichnung dann von den Bewohnern Galliens ausgegangen sein muß, möglicherweise die Rheinüberschreitung das von ihnen primär gesehene bzw. als bedrohlich empfundene kulturell Gemeinsame der Germanen war, kann sich hier ein West-Ost-Gegensatz mit der Rheinlinie als vermeintlich ethnischer Grenze begrifflich gefestigt haben. Caesar war es dann, der diesen Gegensatz untermauert, weiter systematisiert und schließlich in die Schriftkultur der Mittelmeerwelt eingebracht hat, wo er nun fester Bestandteil des allgemeinen Wissens wurde. – Leider haben wir im Gegensatz zu dieser Überlieferungstradition keine Zeugnisse dafür, wie etwa die Kelten der rechtsrheinischen Latènezivilisation ihre nördlichen Nachbarn gesehen und benannt haben.

Die von Caesar zumindest übermittelte Definition aller rechtsrheinischen Bewohner als Germanen sowie ihre gemeinsame Charakterisierung bestimmten das gesellschaftliche Wissen und auch die konkrete Politik Roms für Jahrhunderte. Der geographisch umrissene, aber ethnisch verstandene Germanenbegriff behielt seine gleichermaßen scharf schneidende wie vereinheitlichende Definitionsmacht bis weit ins Mittelalter und wurde selbst dann noch benutzt, als die Gebiete links des Rheins längst fränkisch besiedelt waren. Und als man seit dem frühen 10. Jahrhundert von dem Ostfrankenreich als von einem „Deutschen Reich" sprechen konnte, war der geographisch fixierte Begriff ebenso unkompliziert – allen ethnischen Wandlungen und Bevölkerungsbewegungen zum Trotz – für eine Identifikation dieser „Deutschen" mit den „Germanen" verfügbar. Spuren dieser unhistorischen Gleichsetzung, die sich an einem geographischen Raum festmacht, sind bis in die Gegenwart anzutreffen.

Die besondere Wirkung des caesarischen Germanenbegriffs verdankt sich der Tatsache, daß durch die langfristige Verfestigung der Rheinlinie als politische Grenze des Römischen Reiches gewissermaßen der Raum konstituiert wurde, in dem sich in der Zeit nach Caesar die Ethnogenese (die Entwicklung des Volkes) der Germanen eigentlich erst vollzog. Von der Archäologie wird allgemein die weiter im Osten aufgekommene Jastorf-Kultur, mit ihrem Zentrum an der unteren Elbe, als die eigentliche germanische Kultur gesehen. Doch zur Zeit Caesars lassen sich ihre Ausläufer nur ganz vereinzelt am Rhein finden. Erst in der Zeit danach bildeten sich unter ihrem Einfluß, doch ebenso unter dem der angeführten horizontalen Kulturzonen einschließlich der Latènekultur, die „Germanen" aus. Das bedeutet, daß die keltische Kultur als eher vorangehende, nicht der germanischen zeitlich parallelstehende Kultur, somit sowohl zur Ausbildung der Germanen im Osten wie der jetzt von römischem Einfluß geprägten gallischen Kultur im Westen beitrug. Es zählt zu den besonderen Eigentümlichkeiten dieses Vorgangs, daß der Germanenbegriff Caesars somit der eigentlichen Ethnogenese der „Germanen" vorausgegangen ist, und es fragt sich, inwieweit man überhaupt von einem einheitlichen „Germanentum" sprechen kann.

3. Gallier, Römer und Germanen von Caesar bis zur Niederlage des Lollius

Die engen Verflechtungen und geradezu symbiotischen Beziehungen zwischen den Bewohnern rechts und links des Rheins sind Caesars eigenem Bericht zu entnehmen. Den Rahmen bildete ein kulturelles West-Ost-Gefälle, das insbesondere für die rechtsrheinischen Bewohner der Mittelgebirgszone und der Region nördlich davon das gallische Gebiet ausgesprochen attraktiv machte. Kriegerische Gruppen unternahmen in der Hoffnung auf Beute Einfälle in das Gebiet links des Rheins, oft wurden sie aber auch von den Galliern als Verstärkung in inneren Auseinandersetzungen gegen Sold herbeigerufen. Die kriegerischen Verbände waren im Grundsatz wohl nicht mit Stämmen identisch, was es erschwerte, sie politisch anzusprechen und überhaupt eine für sie verantwortliche Gemeinschaft auszumachen. Starke Führung und Erfolg konnten zur Verselbständigung solcher diffusen Gruppen führen und in eine Landnahme münden. Daneben werden allerdings Wanderungen und versuchte Landnahmen auch von geschlossenen Stämmen bekannt: Aus dem Inneren Germaniens nach Westen expandierende suebische Gruppen scheinen gerade die rechtsrheinischen Anwohner unter anhaltenden Druck gesetzt zu haben.

Caesars eigene Politik gegenüber den Germanen und dem Rhein als einer Ostgrenze Galliens blieb ambivalent. Die nach Westen auswandernden Helvetier wurden von ihm mit Waffengewalt zur Rückkehr in ihre alten Wohnsitze zwischen Jura, Rhône, Genfer See und Rhein gezwungen, unter anderem um ein Nachrücken von Germanen in diesen Raum zu verhindern. Bald nach Beginn seiner Statthalterschaft in Gallien stand dann die Auseinandersetzung mit dem *rex Germanorum* Ariovist. Der „König der Germanen" oder besser „König von Germanen" hatte mehr als zehn Jahre zuvor auf einen gallischen Hilferuf hin Söldnertruppen über den Rhein geführt, sich dann jedoch – aus eigenem Antrieb oder als Teil der Belohnung – im Land seiner Verbündeten niedergelassen. Dort betrieb er nach und nach eine eigenständige Machtpolitik. Von anfangs 15 000 soll die Zahl der von ihm geführten Germanen durch weiteren Zuzug auf rund 120 000 angewachsen sein, und ein Ende des Zustroms schien nicht absehbar.

Unter geschickter Beschwörung des Kimberntraumas malte Caesar die seiner Provinz *Gallia Narbonensis* und selbst Italien drohende Gefahr der neuen Bevölkerungsbewegung aus. So versuchte er sein unverzügliches, weit über das ihm zugewiesene Gebiet hinausgehende militärische Eingreifen zu begründen, zumal es keineswegs den Vorstellungen von einem *bellum iustum* – einem gerechten Krieg – entsprach. In der von ihm provozierten großen Schlacht sollen 80 000 Germanen niedergemacht, der Rest mit Frauen und Kindern zurück über den Rhein geflohen sein.

Programmatisch wird die Einhaltung einer Rheingrenze drei Jahre später hervorgehoben, als angeblich 430 000 Usipeter und Tenkterer mit ihren Familien den Rhein im Mündungsgebiet überschritten hatten. Selbst von den Sueben verdrängt und bereits auf dreijähriger Wanderschaft, boten sie Caesar für die Zuweisung eines ausreichenden Landstücks ihre Militärdienste an. Daß die auf ihre Existenzsicherung bedachten Germanen dasselbe Angebot auch den gerade erst unterworfenen Galliern machen und sich dann gegen Rom wenden könnten, wurde vom Prokonsul sicherlich richtig eingeschätzt.

Die Duldung der überdies gewaltsamen Einwanderung kam für Caesar schon aus diesem Grund nicht in Frage. Der Feldherr bot an, sich für eine Niederlassung der beiden Stämme im Gebiet der rechtsrheinischen Ubier einzusetzen. Doch noch während der diplomatischen Bemühungen kam es zu einem eher unkontrollierten Gefecht, das Caesar als einseitige Eröffnung des Krieges durch seine Gegner wertete: Er ließ die am nächsten Tag für die Unterhandlungen abermals zu ihm gekommenen Fürsten der Usipeter und Tenkterer kurzerhand festnehmen und zog mit seinen Legionen gegen die so ihrer Führung beraubten Germanen. Wahllos wurden auch Frauen und Kinder niedergemetzelt, die Überlebenden abermals über den Rhein zurückgetrieben.

Gegen die in diesen Maßnahmen erkennbaren Ausgrenzungen der Germanen stehen eigene Unternehmungen Caesars im rechtsrheinischen Raum. Können dabei die beiden mit Strafexpeditionen verbundenen, aber auch als politische Demonstration gedachten Rheinübergänge – mit der halb abgerissenen Brücke nach dem zweiten Rheinübergang als unübersehbares Symbol – noch in das Konzept einer nachhaltigen Vorfeldsicherung eingeordnet werden, so begründete die spätestens 55 v. Chr. vorgenommene Aufnahme der Ubier in die *amicitia*, d. h. in eine Freundschaftsbeziehung mit Caesar und Rom, dem Grundsatz nach auch eine rechtsrheinische Schutzpflicht. Wie bei den weiteren Freundschaftsverhältnissen mit nicht mehr namentlich genannten germanischen Gruppen konnte sich diese Verpflichtung im Prinzip nur gegen die im Landesinneren siedelnden Sueben konkretisieren. Vor allem aber warb Caesar in der Endphase des Gallischen Krieges selbst immer wieder germanische Kriegergruppen an, die sich durch ihre hervorragende Reiterei auszeichneten. Ja, er scheute auch nicht davor zurück, rechtsrheinische Stämme zur Plünderung und Verwüstung des Gebietes gallischer Gegner herbeizurufen, wenn es ihm, wie im Fall der Eburonen, selbst nicht gelungen war, diese im Krieg zu besiegen.

Gerade solche Fälle zeigen, daß Caesar die jenseitigen Rheingebiete und ihre Bewohner keineswegs prinzipiell ausgrenzte. Vielmehr traten er bzw. Rom als neue Herren Galliens jetzt in die vormaligen Beziehungen zwischen Galliern und Germanen ein, und zwar an Stelle der Gallier. Nicht die Beendigung jeder Kontakte, sondern die Unterbindung gallisch-germanischer Beziehungen war die Maxime der Politik. Dieses Leitprinzip auch wirklich nachhaltig durchzusetzen, war zugleich grundlegend für die Stabilität der römischen Herrschaft im Osten Galliens.

Die Bewährungsprobe stellte sich nach dem Fortgang Caesars aus Gallien in besonders drastischer Weise, als die römische Politik ganz auf das Innere bezogen und alle Ressourcen des Reiches in den langjährigen Bürgerkriegen gebunden waren. Dabei scheint in diesen Jahren das erst jüngst eroberte Gallien weitgehend ruhig geblieben zu sein. Wille und Kraft zum Widerstand waren nach der Niederschlagung des großen Vercingetorix-Aufstands offensichtlich erschöpft, unabhängig davon, daß mit Caesar ein Großteil der römischen Truppen aus Gallien abgezogen war. Allerdings hatten sich zahlreiche Gallier ebenso dem Heer Caesars angeschlossen, als Einzelne oder in geschlossenen Kontingenten, aus persönlicher Verpflichtung oder in der Hoffnung auf Lohn und Beute. Und neben den Galliern waren es auch zahlreiche germanische Verbände, die Caesar auf die verschiedenen Kriegsschauplätze folgten. In Spanien, Ägypten oder auch in Nordafrika fochten sie für ihn.

Nur wenige Nachrichten liegen aus dieser Zeit von der Rheinlinie vor. Die Einfälle germanischer Gruppen setzten sich fort, im Gegenzug folgten Vorstöße römischer Truppen. Marcus Agrippa, der Feldherr des späteren Prinzeps Augustus, überquerte während seines gallischen Kommandos im Jahre

39/38 v. Chr. als zweiter römischer Befehlshaber den Rhein. Um 30/29 v. Chr. hatten dann die gallischen Treverer germanische Scharen zu Hilfe gerufen; beide wurden von Nonius Gallus, wahrscheinlich Legat des Prokonsuls von Gallien 30/29 v. Chr., C. Carrinas, geschlagen. Carrinas selbst warf zur gleichen Zeit Sueben zurück, die weiter nördlich den Rhein überschritten haben dürften. Vier Jahre später, 25 v. Chr., zog der Legat M. Vinicius über den Strom, um mit einer Strafexpedition gegen jene Germanen vorzugehen, die römische Händler in ihrem Gebiet getötet hatten. In gewissem Sinne kann dieses auch als Zeichen einer Normalisierung und Annäherung betrachtet werden. Mehr kriegerische Auseinandersetzungen werden aus diesen Jahren nicht bekannt.

Gleichzeitig kam es zu einigen Siedlungsverlagerungen in der Rheinzone, die von Rom sicherlich in irgendeiner Form kontrolliert worden sind. Die einzelnen Siedlungsvorgänge lassen sich innerhalb der Zeitspanne zwischen Caesars Abzug aus Gallien und dem Beginn der augusteischen Germanienfeldzüge in der Regel nicht genauer datieren. Vermutlich schon bald nach dem Fortgang Caesars dürften sich auf der zwischen Rhein und Waal gebildeten Insel die Bataver angesiedelt haben, die als ein Teil der Chatten galten. In Zukunft unterstützten sie Rom durch zahlreiche und besonders kampfkräftige Reiterkontingente sowie durch gemischte Einheiten. Möglicherweise zur selben Zeit sind im westlichen Teil der *insula Batavorum* die Cananefaten angesiedelt worden.

Auch die von Caesar in die *amicitia* aufgenommenen Ubier übersiedelten auf die gallisch-römische Seite des Rheins. Strittig ist, ob dies in Agrippas erster gallischer Statthalterschaft von 39/38 v. Chr. oder erst in seiner zweiter Statthalterschaft von 20/19 v. Chr. geschah. Die Ubier dürften einen Teil des vormals von den Eburonen bewohnten Gebiets eingenommen haben, die Caesar durch systematischen Terror weitgehend vernichtet hatte. Die neuen Ländereien am linken Niederrhein zwischen dem heutigen Krefeld und Bonn dürften fruchtbarer und leichter zu bewirtschaften gewesen sein als die rechtsrheinischen, vor allem aber konnten sich die Ubier hier dem

Druck der Sueben entziehen. Die zu erwartenden römischen Forderungen waren vermutlich berechenbarer und weniger belastend als jene Aderlässe, zu denen es während der unkontrollierten Raubzüge der Sueben immer wieder kam.

Die Übersiedlungen waren geeignet, den Druck der Germanen auf die Rheingrenze abzufangen. Die Gebiete unmittelbar links des Rheins wurden so zugleich aufgesiedelt und weiteren Einwanderern schon von der sich erhöhenden Bevölkerungsstärke ein dichterer Sperriegel entgegengesetzt. Vielleicht kalkulierte die römische Politik sogar geradezu mit ein, daß die neu in Gallien aufgenommenen Siedler zu ihren ehemaligen germanischen Nachbarn auf größere Distanz gehen würden, als die Gallier es jemals getan hatten. Ein anderer Anlaß, germanischen Gruppen bei ihrem Ansiedlungsbegehren entgegenzukommen, war sicherlich, daß in der Zeit der Bürgerkriege in erheblichem Ausmaß Truppen benötigt wurden und die Neusiedler – wie auch der Einsatz solcher Verbände in den Bürgerkriegen zeigt – sicherlich von Anfang an dem jeweiligen Herrscher über Gallien eine entsprechende Gegenleistung zu erbringen hatten. Daß dies durchaus im eigenen Interesse der sich ja häufig als Söldner verdingenden Germanen lag, verdeutlichen die bereits erwähnten Verhandlungen zwischen Caesar und den Usipetern und Tenkterern.

Nicht ganz auszuschließen ist, daß es vielleicht sogar schon im rechtsrheinischen Vorfeld zu einem politischen Vordringen Roms und in irgendeiner Form zu einer Einforderung von Abgaben gekommen ist: Dies könnte die Funktion jener römischen Zenturionen – Hauptleute der Legionen – gewesen sein, die 17 oder 16 v. Chr. von Sugambrern, Usipetern und Tenkterern ergriffen und gekreuzigt worden waren. Als diese germanischen Gruppen im Anschluß daran den Rhein überschritten, stellte sich ihnen der überhastet und unglücklich agierende Legat Marcus Lollius mit einer Legion entgegen: Sie wurde von den Germanen völlig aufgerieben, denen überdies die Erbeutung des Legionsadlers gelang.

Die Niederlage des Lollius scheint den Ausschlag zu einer grundlegenden Umorientierung der römischen Politik in Gallien und am Rhein gegeben zu haben. Sie ereignete sich ausgerechnet zu einer Zeit, als die Nachricht von der Rückgabe der 30 Jahre zuvor unter Crassus verlorenen Feldzeichen durch die Parther überall im Römischen Reich gefeiert und zum Symbol für deren angebliche Unterordnung stilisiert wurde. Sowohl die neugefundene Bildersprache wie die mit ihr verbreitete Stimmung diskreditierte der neuerliche Verlust eines Legionsadlers im Westen. Augustus, der nun mehr als zehn Jahre nach Beendigung der Bürgerkriege die Staatsgeschäfte nahezu unangefochten leitete, reiste selbst nach Gallien. Dort wurden die seit Caesar eher provisorisch gebliebenen politischen Verhältnisse endgültig in eine feste Provinzialordnung übergeführt. Ein Zensus (Steuerschätzung) und die Einweihung einer gesamtgallischen Kultstätte für „Roma und Augustus" bei Lugdunum (Lyon) – als „Landtag" zugleich regelmäßiger Treffpunkt der Fürsten aus den verschiedenen Gemeinden Galliens und so ein wichtiges Zentrum der politischen Kommunikation und Koordination – schlossen im Jahre 12 v. Chr. die neue Verwaltungseinteilung ab.

Vor allem wurden in diesen Jahren aber die Truppen von ihren Standorten aus dem Inneren Galliens in neu errichtete Lager an den Rhein verlegt, und zwar nach Nijmegen, Xanten, Moers-Asberg, Neuss, Mainz und vielleicht auch Bonn. Eine derartige lineare Aufstellung an einer Außengrenze war neu. Sie schien geeignet, weitere Kontakte zwischen Galliern und Germanen sowie germanische Rheinüberschreitungen zu unterbinden. Daß die Truppen ihrer Aufgabe zum Schutz der römischen Herrschaft in Gallien gleichwohl nicht enthoben waren, verdeutlicht die Niederschlagung von Unruhen, die dort anläßlich des Zensus nochmals im Jahre 12 v. Chr. aufflackerten. Doch in ihren neuen Garnisonen mit Zugängen zum Meer, zu gegenüberliegenden Flußmündungen wie Lippe, Ruhr und Main oder zu einem wichtigen Landweg wie dem sogenannten Hellweg standen die Truppen alle an Plätzen, denen eine strategische Ausrichtung nach Osten gemeinsam war. Eine für Versorgung und Truppenverlegung nutzbare Flotte wurde gebaut, und selbst ein Kanal, der den Alten Rhein von

Fechten aus mit dem Ijsselmeer verband und damit die Einfahrt vom Rhein in die östliche Nordsee erheblich abkürzte und sicherer machte, wurde errichtet. Vorbereitung und Ausrichtung weisen unzweideutig darauf hin, daß man durchaus bereit war, jetzt auch Truppenvorstöße größeren Ausmaßes ins rechtsrheinische Gebiet zu unternehmen.

Die konkreten Folgen der von dem Schriftsteller Sueton sicherlich zutreffend als *„mehr ehrenrührig denn wirklich vernichtend"* (Suet. *Divus Augustus* 23,1) bezeichneten Lollius-Niederlage waren übrigens schnell ausgeräumt: Die Sugambrer, Usipeter und Tenkterer zogen sich bald wieder über den Rhein zurück und boten freiwillig Frieden und die Stellung von Geiseln an. Auch der Legionsadler, dessen Rückgabe ein römisches Münzmotiv mit einem knienden Germanen für das Jahr 13/12 v. Chr. zeigt, dürfte im Zuge dieser Verständigung wieder übergeben worden sein.

4. Grenzschutz oder raumgreifende Eroberung? Die augusteischen Feldzüge im rechtsrheinischen Germanien

Die Jahre 12 bis 9 v. Chr. treten in der römischen Germanienpolitik als Phase der raumgreifenden Operationen hervor, in der unter dem Oberkommando des Drusus, dem Stiefsohn des Augustus, die römischen Truppen stets weiter in das rechtsrheinische Gebiet geführt wurden und schließlich die Elbe erreichten (Abb. 3).

Bis heute ist umstritten, welches die Ziele dieser Aktionen waren: Handelte es sich in Fortsetzung bisheriger Politik um Maßnahmen zum Schutz der gallischen Grenze oder aber war hier die Okkupation und Provinzialisierung des ganzen Gebietes bis zur Elbe – wenn nicht noch darüber hinaus – geplant und tätig in Angriff genommen? Beabsichtigte Augustus jetzt, da die Bürgerkriege vorüber waren und die für ihn neugefundene Stellung konsolidiert erschien, den von Caesar mit seinen

Rheinübergängen angedeuteten Anspruch auf Germanien einzulösen, vielleicht um so seine Legitimation als Nachfolger auch in der außenpolitischen Programmatik zu bekräftigen? Oder war dieses sogar die Konkretisierung des Plans zur Eroberung der ganzen nördlichen Ökumene vom Rhein bis zum Kaspischen Meer – so wie es die Caesarianer nach der Ermordung des Diktators als seinen letzten großen und durch die Caesarmörder zum Schaden des römischen Volkes vereitelten Plan verbreiteten? Die Erwartungen und Phantasien der in Rom sitzenden Propagandisten des Regimes lassen kein Maß erkennen – und viele neuere Forscher folgten ihnen darin. Aber es zählt gegenüber diesen Weltherrschaftsphantasien zu den Charakteristika der nüchterneren politischen und militärischen Planungen, daß uns von dieser Seite keine authentischen Zeugnisse darüber vorliegen, was mit den Feldzügen wirklich beabsichtigt war. Erschwerend kommt hinzu, daß das Wissen um das schließliche Scheitern der Feldzüge in die Darstellung und Bewertung späterer Autoren eingeflossen ist. So bleibt für eine heutige Beurteilung nur der Weg, aus einer detaillierten Analyse des Ablaufs der Feldzüge auf ein eventuelles Konzept zurückzuschließen. Dabei können ursprüngliche Planungen im Laufe konkreter Ereignisse durchaus signifikante Abwandlungen erfahren haben.

Wohl in keinem Zusammenhang mit den Unternehmungen in Germanien steht die unmittelbar nach der Niederlage des Lollius begonnene Eroberung des Alpenraums. Strategisch bestand damit zwar die Chance, Germanien vom Rhein und von der Donau her in die Zange zu nehmen, doch zum einen wurde die Eroberung des Alpenraumes mit Sicherheit schon vor der Lollius-Niederlage geplant und vorbereitet, zum anderen spielte dieser südliche Abschnitt dann bei den beginnenden Germanienfeldzügen militärisch keine Rolle. Zweck dieses Unternehmens war es wohl eher, die längst überfällige Verbindung zwischen den westlichen und östlichen Reichsteilen herzustellen. Allerdings wurden damit auch die Nachschubwege nach Gallien gesichert und ausgebaut.

Ihren Ausgangspunkt nahm die große römische Offensive

von einem Einfall rechtsrheinischer Germanen nach Gallien. Als 12 v. Chr. die Sugambrer mit ihren Verbündeten unter Ausnutzung innergallischer Unruhen den Rhein überschritten, wurden sie von Drusus zunächst zurückgeschlagen, der seit 13 v. Chr. *legatus Augusti pro praetore*, also faktisch Statthalter des Augustus für die drei Teile Galliens war. Im Anschluß daran führte Drusus die Truppen über die Bataverinsel durch das Gebiet der Usipeter zu jenem der Sugambrer und verwüstete es.

Hielt sich diese Aktion durchaus noch im üblichen Rahmen der Zurückschlagung über den Strom eingefallener germanischer Gegner, so begann Drusus unmittelbar darauf und trotz fortgeschrittener Jahreszeit eine zweite Militäraktion, die nicht mehr allein als Vorwärtsverteidigung erklärt werden kann und weitergehende strategische Absichten andeutet. Mit einer Flotte fuhr er rheinabwärts und lief in die Nordsee ein, zog durch das Gebiet der Friesen, die sich ihm anschlossen, und drang schließlich bis zu den Chauken vor. Im Bereich der Ems scheint es im Rahmen dieses Feldzugs noch zu einer Auseinandersetzung mit den Brukterern gekommen zu sein. Als die römische Flotte auf dem Rückweg in die Winterlager an der Nordseeküste strandete, griffen die mitgezogenen friesischen Truppen rettend ein. Nautisches Unvermögen sollte auch in den folgenden Jahren noch mehrmals zu großen römischen Verlusten führen.

Die Nordseeflottenfahrt verdient besondere Beachtung, da die römischen Einheiten sich jetzt in Regionen und gegen Stämme bewegten, die vorher nicht als Teilnehmer an Raub- oder Kriegszügen gegen gallische Gebiete bekanntgeworden sind. Der Unternehmung kommt ohne Frage auch ein besonderer exploratischer Charakter zu. Denn trotz der Berichte Caesars war das rechtsrheinische Germanien für die Römer noch eine weitgehend unbekannte Größe. Es galt wegen seiner großen und unübersichtlichen Wälder und der zahlreichen Sümpfe als wenig zugänglich, die Bewohner selbst als unzivilisiert und kriegerisch. Gerade die hohe und befremdlich wirkende Mobilität hatte man bei den Einfällen nach Gallien immer wieder zu spüren bekommen. Der Nordozean war zwar

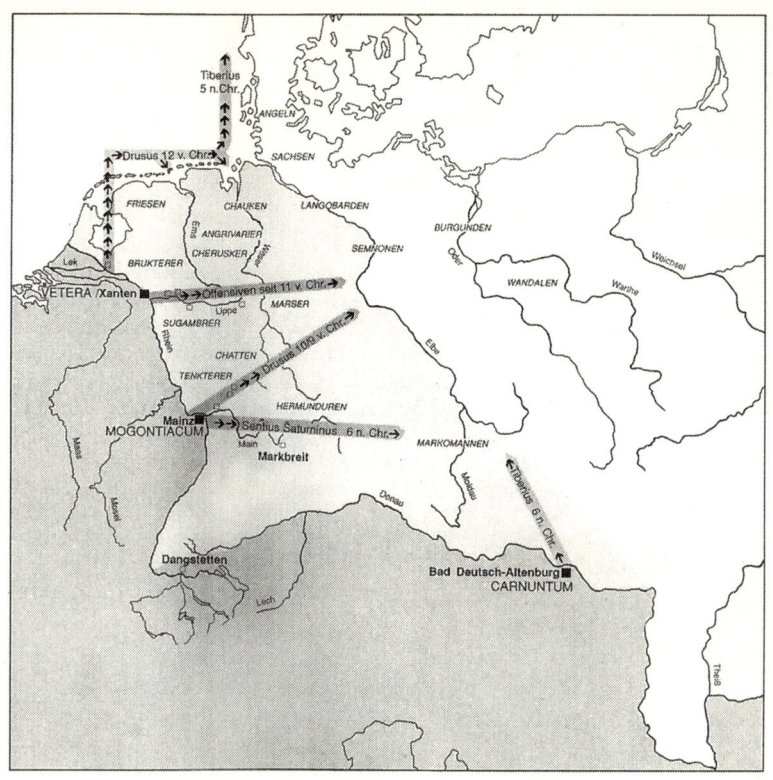

Abb. 3: Römische Feldzüge und Militäranlagen
in augusteisch-tiberischer Zeit

bekannt, aber in seinem genauen Küstenverlauf und Ausdehnung nach Osten nicht durch eigene Befahrung gesichert. Allein von den rheinnahen Gebieten hatte man nähere Kenntnisse. Dunkler wurden sie für die dahinter angesetzten bevölkerungsstarken Sueben. Hinter ihnen sollte sich nach Caesar ein weites Ödland von über 600 römischen Meilen (rund 900 Kilometer) erstrecken.

Mit dem Winkel zwischen Nordsee und Rhein eröffnete Drusus die Feldzüge in einem noch ungefähr bekannten Bereich,

31

Abb. 4a und b:
Das Drususmonument
(Eichelstein) bei Mainz

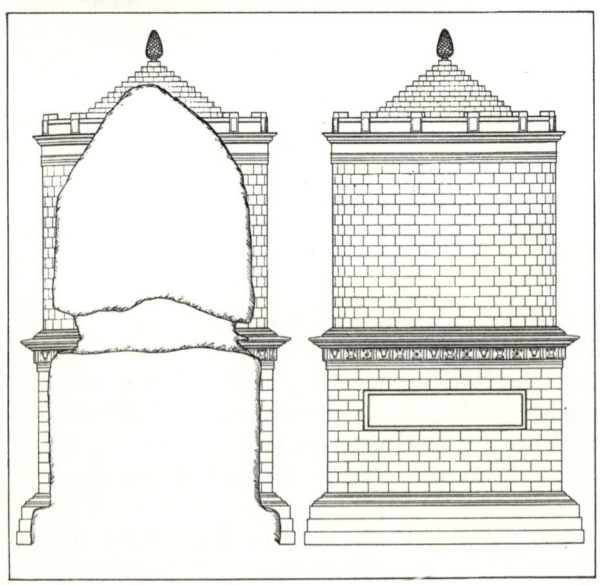

der trotz der feuchten Niederungen im Vergleich zu den Mittelgebirgen besser passierbar und zudem überschaubar war. Auch konnte man hier von der nördlichen und westlichen Flanke nicht bedroht werden. Die Flüsse Ems, Weser und wohl auch Elbe dürften durch Vorerkundung zumindest dem Namen nach bekannt gewesen sein. Der zeitgenössische Geograph Strabon zeichnet ein Bild, wonach sie parallel zum Rhein von der Nordsee aus wie auf einer schiefen Ebene auf den Herkynischen Wald, d. h. den gesamten bis zur Donau reichenden Mittelgebirgsraum im Süden zuführen. Sie boten, zumal wenn man Landverbindungen mit Flottenanlegeplätzen kombinieren konnte, Möglichkeiten zur wassergestützten Versorgung römischer Einheiten, die angesichts der Wegeverhältnisse über Land nahezu unabdingbar war. In seiner gegenüber Caesars Angaben recht detaillierten Beschreibung der rechtsrheinischen Gebiete betont Strabon ausdrücklich die Zunahme des geographischen Wissens, die erst die Feldzüge in Germanien erbracht hatten. Unverkennbar gingen in dieser Phase militärische Durchdringung und geographische Erkundung Hand in Hand.

Gleich im Frühjahr 11 v. Chr. setzte Drusus die Operationen des Vorjahres fort. Abermals zog er durch das Gebiet der Usipeter und Tenkterer, erreichte jenes der Sugambrer und drang schließlich von der Lippe-Region bis zu den Cheruskern im Bereich der Weser vor. Im Jahre 10 v. Chr. vollzogen sich die entscheidenden Aktionen noch weiter südlich: Berichtet wird von Kämpfen mit den Chatten im heutigen Hessen, möglicherweise sind auch Auseinandersetzungen mit den weiter südlich siedelnden Markomannen diesem Feldzugsjahr zuzuordnen. Im Jahr 9 v. Chr. nutzte Drusus schließlich erneut den Weg von Mainz durch die Wetterau, durchquerte suebisches Gebiet bis zu den Cheruskern und erreichte schließlich die Elbe. Doch den vorbereiteten Triumph über Germanien zu feiern blieb ihm versagt. Auf dem Rückweg, irgendwo zwischen Saale und Rhein, stürzte Drusus unglücklich von seinem Pferd und brach sich den Oberschenkel. Nach längerem Todeskampf erlag er schließlich seinen Verletzungen.

Überschwengliche Ehrungen folgten dem Tod des Drusus. Sein Bruder Tiberius eilte nach Mainz und von dort 200 Meilen tief nach Germanien hinein bis zu ihm ans Sterbelager. Dort übernahm er das Heer und führte es gemeinsam mit der Leiche nach Mainz zurück. Als sich die Truppen einer weiteren Überführung ins Familiengrab nach Rom widersetzten, erlaubte er ihnen, ihrem verstorbenen Feldherrn ein gewaltiges Ehrenmal zu errichten. Hier fanden von nun an zu Ehren des Drusus Jahr für Jahr Paraden der Truppen und feierliche Treffen der Honoratioren der benachbarten Gemeinden statt. Eine Inschrift hält den Ehrenbeschluß und den Ablauf der Feierlichkeiten in allen Details fest. Das Denkmal selbst dürfte der noch heute bei Mainz mächtig emporragende „Eichelstein" sein (Abb. 4a und b). Während Augustus den Leichnam in Ticinum erwartete und von dort das persönliche Geleit bis Rom gab, beschloß der Senat die Errichtung eines Triumphbogens für den toten Prinzen. Zugleich verlieh er ihm nach dem Gebiet seiner kriegerischen Erfolge den Siegesbeinamen „Germanicus": Er wurde fortan in seiner Familie erblich.

Die Nord-Süd-Abfolge der Drususfeldzüge mit ihrem sukzessiven Vordringen nach Osten vermittelt den Eindruck einer systematischen Anlage der Operationen. Wenn am Ende ein Raum bis zur Elbe von römischen Truppen durchzogen wurde, so stellt sich sowohl die Frage nach der Elbe als einem möglichen Ziel wie die nach der einheitlichen Planung der Aktionen. Schon bei ersterem sind Zweifel angebracht: Sicherlich hatte Drusus vor Beginn seiner Operationen von einem Fluß Elbe im rechtsrheinischen Germanien gehört, doch als östliche Begrenzung Germaniens war noch unmittelbar zuvor von Agrippa bei seinem Versuch einer Erfassung der ganzen bekannten Welt die Weichsel benannt worden. Die Entfernung von dort bis zum Rhein wurde von ihm mit etwas über 600 Meilen deutlich zu gering veranschlagt. Auch in der Nord-Süd-Ausdehnung war Germanien den Berechnungen Agrippas zufolge kleiner als Gallien. Eine Eroberung innerhalb weniger Jahre mochte daher nach dem Vorbild Caesars nicht gänzlich unmöglich erscheinen. Und so versuchte auch Drusus im Jahre 9 v. Chr., als er die

Abb. 5: Denar mit Unterwerfungsszene:
Stehender Germane überreicht dem sitzenden Augustus
ein Kind als Geisel (RIC I² 201 a; vergrößert)

Elbe erreicht hatte, gleich noch deren Überquerung. Der Legende nach hielt ihn erst eine übernatürliche Erscheinung zurück. In der barbarischen Frau, die dem unersättlichen Prinzen Einhalt gebot, dürfte allerdings die in Rom durchaus vorhandene Kritik an Drusus' unbändigem, immer wieder mit hohen Verlusten bezahltem Vordringen ihren Ausdruck gefunden haben, der wie Alexander der Große in stets neue und bislang unbekannte Gebiete vorstoßen wollte. Dafür, daß eine auf geostrategischen Überlegungen basierende Elbgrenze vorgegebenes Ziel seiner Feldzüge gewesen sein könnte, gibt es keine Anhaltspunkte.

Doch nicht einmal die einheitliche Konzeption der Unternehmungen ist gesichert. Zum Ende des Jahres 11 v. Chr., als Drusus bis zur Weser vorgestoßen war und die Truppen ihn wegen seiner Erfolge zum *imperator* ausgerufen hatten, bewilligte Augustus ihm die Triumphalabzeichen und einen kleinen Triumph, die *ovatio*. Einen traditionellen „großen" Triumph zu feiern, behielt sich Augustus schon länger allein selbst vor. Kommt bereits in der Ehrung ein gewisser Abschluß der Kämpfe zum Ausdruck, so wird dieses durch den in Rom gefaßten Beschluß erhärtet, den Tempel des *Ianus* zu schließen. Dies war ein von Augustus wiederbelebtes und sorgsam beachtetes Ritual, das den überall im Lande erreichten Frieden anzeigen

35

sollte. Dieser beabsichtigte öffentliche Akt ist schlechterdings nicht zu erklären, wenn Anfang 10 v. Chr. noch eine größere militärische Auseinandersetzung absehbar war oder gar eine weitere Offensive vorbereitet wurde. Auch die Kämpfe des Drusus müssen im Jahre 11 v. Chr. – zumindest von Augustus – als abgeschlossen gedacht und damit ein Zustand erreicht worden sein, der einen längeren Frieden in Aussicht stellte.

So wird denn auch die Wiederaufnahme der Kämpfe im Jahre 10 v. Chr. ausdrücklich begründet, ganz im Gegensatz zu jenen der Jahre 11 und 9 v. Chr.: Die Chatten, denen von Rom Wohnsitze angewiesen worden waren, hätten sich aus diesen entfernt, was ein Eingreifen Roms erforderlich machte. Bei den Wohnsitzen dürfte es sich um die ehemals von den Ubiern besiedelten Gebiete im Neuwieder Becken gehandelt haben, die von den Chatten zusätzlich in Besitz genommen wurden. Eigentlicher Anlaß, der die beabsichtigte Schließung des *Ianus*-Tempels verhinderte, war jedoch ein plötzlicher Einfall der Daker nach Pannonien, ergänzt durch Unruhen in Dalmatien. Vielleicht war es sogar erst diese erzwungene Wiederaufnahme des Krieges durch Tiberius an der Donau, die dazu führte, daß sein Bruder den Krieg an einem neuen Abschnitt der Rheinfront gleichfalls wiedereröffnen durfte. Der ebenfalls als möglicher Nachfolger des Augustus vorgesehene Drusus durfte dem Tiberius militärisch und in der öffentlichen Wahrnehmung nicht nachstehen.

Nach dem Tod des Drusus übernahm dann Tiberius das Kommando am Rhein. Er setzte die Feldzüge 8 v. Chr. fort, doch größere Auseinandersetzungen werden nicht mehr bekannt. Gleichwohl zog Velleius Paterculus, der Zeitzeuge und spätere Hofhistoriograph des Tiberius, zum Ende des Jahres das Fazit: *„Siegreich durchzog er alle Gebiete Germaniens, und zwar ohne jeglichen Verlust für die ihm anvertrauten Truppen. ... Er unterwarf Germanien so vollständig, daß er es fast zu einer tributpflichtigen Provinz machte“* (Vell. 2,9,4). Nicht anders fiel das Urteil des Germanienkenners Aufidius Bassus aus, wonach sich alle Germanen zwischen Rhein und Elbe dem Tiberius unterworfen hätten (Cassiodor *Chron. min.* 2,135).

Neben umfangreichen Vertragsabschlüssen mit den rechtsrheinischen Germanen, die gegenüber dem stets hohe eigene Verluste in Kauf nehmenden Vorgehen des Drusus nun einen diplomatischeren Stil der Kriegsführung zeigen, ist die Übersiedlung eines Teils der Sugambrer auf das linke Rheinufer als bekannteste Maßnahme wohl gleichfalls dieser Zeit zuzuordnen. Eine mit Hinterlist und Gewalt vorgenommene Zwangsumsiedlung, wie vor allem die späteren Quellen sie beschreiben und von der Forschung lange Zeit angenommen wurde, war dieses wohl nicht: Manches spricht dafür, daß es zumindest bei Teilen der Sugambrer ein Eigeninteresse gab, die nur schwach besiedelten Ländereien zwischen dem heutigen Xanten und Krefeld in Besitz zu nehmen. Gemeinsam mit den dort verbliebenen Siedlern erscheinen sie dann in den Quellen der Kaiserzeit unter dem Namen der „Cugerner", die „Kuhreichen" oder spöttelnd auch die „Kuhgierigen", während sich die rechts des Rheins verbliebenen Reste des Stammes bald in der Überlieferung verlieren. Daß die Sugambrer, die vorher als die entschiedensten Gegner Roms auftraten, jetzt die Ländereien um die Militärstandorte *Castra Vetera* (Xanten) und *Novaesium* (Neuss) bewirtschafteten und so durch Bodenabgaben und Verkäufe ihrer Produkte auf den Märkten zur Versorgung der Legionäre beitrugen, verleiht dem Vorgang allerdings eine besondere Pointe.

Am 1. Januar 7 v. Chr. feierte Tiberius gemeinsam mit seinem Amtsantritt zum zweiten Konsulat in Rom einen glänzenden Triumph. Gold- und Silbermünzen mit dem Motiv eines stehenden Barbaren in germanischer Kleidung, der dem sitzenden Augustus als Zeichen der Unterwerfung ein Kind als Geisel reicht (Abb. 5), stellten in der Münzprägung nach längerer Zeit – und ganz im Gegensatz zu den Drususfeldzügen – erstmals wieder ein konkretes außenpolitisches Thema dar. Dazu wurde in diesem Jahr das *pomerium*, die sakrale Stadtgrenze, erweitert – hauptstädtisches Symbol für die erfolgreiche Ausdehnung des Reiches. Damit wurde den in Germanien erzielten Siegen ausdrücklich auch eine räumlich relevante Dimension zugestanden. Mit Tiberius wurde der römischen Öffentlichkeit zugleich ein militärisch erfolgreicher Heerführer vorgestellt, der nach dem Tod des beim Volk äußerst beliebten Drusus im Moment als einzig möglicher Nachfolger des Augustus übrig geblieben war.

Für die Zeit nach dem Kommando des Tiberius erlischt das Interesse der antiken Schriftsteller an den Vorgängen in Germanien. Nicht einmal die Reihe der jeweiligen Oberbefehlshaber läßt sich sicher erschließen. Eine eher zufällig erhaltene Notiz berichtet von Lucius Domitius Ahenobarbus, dem Großvater des späteren Prinzeps Nero: In der Zeit um Christi Geburt hatte er umherziehenden Hermunduren Siedlungsgebiete im ehemaligen Markomannengebiet angewiesen – die ihrerseits in den Jahren zuvor unter der Führung des Maroboduus von Mainfranken nach Böhmen gezogen waren –, gleichzeitig mißlang ein Versuch, eine Gruppe vertriebener Cherusker zu ihrem Stamm zurückzuführen. Darüber hinaus war Ahenobarbus mit seinem Heer bis zur Elbe gezogen, hatte diese sogar überschritten und mit den dortigen Völkern Freundschaftsabkommen geschlossen.

Vielleicht liegen in der gescheiterten Rückführung der Cheruskergruppe die Wurzeln des dann unter Marcus Vinicius ausgebrochenen sogenannten *immensum bellum*. Dieser in den Worten des Tiberius-Lobredners Velleius Paterculus „gewaltige Krieg" erfaßte zumindest die Gebiete Norddeutschlands. Namentlich die Attuarier, Brukterer, Cherusker, Chauken und Langobarden werden als Gegner erwähnt. Ob es darüber hinaus zu Unruhen im Bereich der Lippe oder noch weiter südlich kam, ist nicht zu klären. Vinicius selbst konnte sich in diesen Kämpfen bereits die Triumphalinsignien verdienen. Als Tiberius schließlich nach dem Tod der Enkel des Augustus aus seinem rhodischen Exil – in das er sich bald nach seinem ersten germanischen Kommando wegen zunehmender Zurücksetzung durch Augustus und auch wegen ehelicher Probleme mit der Augustustochter freiwillig begeben hatte – zurückgekehrt und als fortan unstrittiger Nachfolgekandidat von Augustus adoptiert worden war, wurde er als bester Kenner der Region sogleich wieder mit dem germanischen Kommando betraut. In den Jahren 4 und 5 n. Chr. gelang es ihm, begleitet von dem die Ruhmestaten seines Herrn ins Maßlose steigernden Velleius Paterculus, die römische Herrschaft wieder bis über die Weser hinaus zu festigen.

„Nichts gab es mehr in Germanien, das man hätte besiegen können, außer dem Stamm der Markomannen" leitete Velleius Paterculus den Bericht des nächsten Kriegsjahres ein (Vell. 2,108,1). Zwei große Heere, eines unter der Führung des Sentius Saturninus vermutlich von Mainz kommend, das andere unter der Führung des Tiberius von *Carnuntum* (Bad Deutsch-Altenburg) aufbrechend – insgesamt 12 Legionen –, bewegten sich 6 n. Chr. auf das böhmische Kerngebiet zu. Dem anfänglich von Rom geförderten und mit Augustus persönlich bekannten Maroboduus war dort die Bildung eines gewaltigen Reiches gelungen, dessen Einfluß bis weit in die mittleren Elbe-Regionen hinaufreichte. Dort dürfte er ein Rückhalt für jene Gruppen geworden sein, die sich Rom immer wieder durch eine Flucht über die Elbe entzogen. Für Rom selbst wurde der immer eigenständiger auftretende Maroboduus so nach und nach ein Dorn im Auge. Doch kurz bevor sich die beiden römischen Heeresgruppen vereinigen konnten und noch vor der ersten Feindberührung traf plötzlich die Nachricht von einem Aufstand in den südlich der Donau gelegenen illyrischen und pannonischen Gebieten ein. Der Angriff mußte abgebrochen werden und der politisch kluge Maroboduus war bereit, sich mit Rom auf einen Frieden zu einigen, der ihm die Unabhängigkeit und somit seine prinzipielle politische Gleichrangigkeit im Verhältnis zu Rom bestätigte.

Die Niederkämpfung des Aufstands in Pannonien dauerte drei Jahre und band in äußerst verlustreichen Kämpfen sämtliche Kräfte des Reiches. Maroboduus hielt in dieser Zeit sein Wort und griff nicht auf der Seite der Gegner Roms ein. Und auch in dem weitgehend von Truppen entblößten Germanien scheinen die Verhältnisse nach dem *immensum bellum* ruhig geblieben zu sein. Erst als der pannonische Aufstand niedergeschlagen und Rom im Prinzip wieder handlungsfähig war, sollte dort mit der militärischen Katastrophe von 9 n. Chr. und der

Vernichtung eines großen Teils des gallisch-germanischen Heeres eine grundsätzlich andere Situation entstehen.

5. Germanische Stämme und römisches Militär: Formen der römischen Herrschaft im Gebiet zwischen Rhein und Elbe

Eine vieldiskutierte Frage ist, wie man sich den Zustand des rechtsrheinischen Germanien in der Zeit zwischen Drusus und der Niederlage des Varus vorzustellen hat. In der früheren Forschung spitzte sich dies zu der Frage zu, ob Germanien eine römische „Provinz" war. Doch dafür, daß Germanien in rechtlicher Form als selbständige Verwaltungseinheit des römischen Volkes eingerichtet wurde, gibt es keine Zeugnisse. Genaugenommen ist dieses auch nicht zu erwarten: Erinnert werden braucht vor allem nur an das von den wirtschaftlichen und gesellschaftlichen Strukturen noch am ehesten vergleichbare Gallien, wo es nach dem Fortgang Caesars mehr als drei Jahrzehnte dauerte, bis die während der Eroberung getroffenen Regelungen von Augustus in eine feste provinziale Organisation überführt wurden.

Auf der anderen Seite stehen jedoch eine Fülle von Symbolisierungen, mit denen der römischen Öffentlichkeit nicht nur ein besiegtes, sondern offenbar auch ein römisch beherrschtes Germanien vorgestellt wurde: Neben dem *cognomen ex provincia: Germanicus* für den verstorbenen Drusus wurde der große Triumph des Tiberius von 7 v. Chr. dazu genutzt, die militärischen Erfolge des sieghaften Prinzeps mit der römischen Weltherrschaftsidee und in seinem Feldherrn Tiberius zugleich mit der Nachfolgefrage im Prinzipat zu verbinden. Augustus trat in die Sieges- und Expansionsideologie der römischen Oberschicht und ließ sich unverhüllt als Eroberer feiern, wobei er sich durch die Erweiterung des stadtrömischen *pomerium* eindeutig festlegte. Schon aufgrund der zahlreichen höheren Offiziere, die im Wechsel mit der zivilen Laufbahn für einige

Zeit von Rom fort und zu dem in Germanien stationierten Heer gingen, aber ebenso aufgrund der Reisen und Nachrichten von Soldaten, Händlern und anderen Gruppen konnte die Sprache der Symbole in Rom sich nicht gänzlich von den wirklichen Verhältnissen vor Ort entfernen. Die *virtus*, die Tugend und das Ansehen des Augustus waren durch die Dynamik dieser Propagierungen engstens mit den weiteren Vorgängen in Germanien verknüpft. Etwaige Nachrichten über Unruhen wurden zwangsläufig zu einer Sache seines persönlichen Prestiges.

Entsprechend konsequent wurde das *immensum bellum* von den verschiedenen antiken Autoren als Aufstand der vertragsbrüchig gewordenen Germanen beschrieben, und ebenso selbstverständlich wurde der Aufstand bis in den Elberaum hinein niedergeschlagen, um den seit den Drususfeldzügen bestehenden Zustand römischer Kontrolle wieder herzustellen. Nach den weit ausgreifenden Feldzügen des Drusus und der diplomatischen Konsolidierung unter Tiberius erwartete Rom von den germanischen Stämmen unverkennbar Gehorsam.

Die Namen der als Bundesgenossen oder als Besiegte auftretenden germanischen Stämme umreißen grob ein Gebiet zwischen Nordsee, Rhein und Main. Als ein östlicher Begrenzungspunkt wird, nachdem sie einmal von Drusus erreicht worden war, immer wieder die Elbe erwähnt. Auf die Elbe verweist auch, daß sich gegenüber der älteren Annahme, das Siedlungsgebiet der Germanen reiche bis zur Weichsel, in den Okkupationsjahren ein politischer *Germania*-Begriff entwickkelte, der jetzt nur noch das Gebiet zwischen Rhein und Elbe bezeichnete. So bemerkte Cassius Dio zum Jahre 9 n. Chr., daß von der rechtsrheinischen *Keltiké* nur Teile, eben die *Germania*, von den Römern besetzt sei, und ähnlich betonte der ältere Plinius in seiner Naturgeschichte, daß den Römern von der *Germania* nur Teile bekannt geworden seien, womit er das Gebiet zwischen Rhein und Elbe einerseits von jenem zwischen Elbe und Weichsel andererseits abgrenzte. Am deutlichsten ist die Bedeutung der Elbe in der berühmten Formulierung des augusteischen Tatenberichts erkennbar, wonach er *„die galli-*

schen und spanischen Provinzen und ebenso *Germanien befriedet (habe), ein Gebiet, welches durch den Ozean von Gades bis zur Mündung der Elbe umschlossen wird"* (*Res Gestae* 26). Wenn auch in der betont doppeldeutigen Formulierung, die für Germanien vielleicht nur die Nordseeküste einschließen will, bereits die Erfahrungen der Varusniederlage eingeflossen sind, so war gerade diese Doppeldeutigkeit doch von Nöten, um nicht in Widerspruch zu den vorherigen und in vielen Denkmälern und Inschriften festgehaltenen Verkündungen zu geraten, Germanien sei besiegt.

Ein von Strabon überliefertes Verbot des Augustus, die Elbe zu überschreiten, kann erst aus einer späteren Phase der Germanienfeldzüge stammen. Noch um die Zeitenwende war Domitius Ahenobarbus für sein Vordringen über die Elbe hinaus mit den Triumphalinsignien belohnt worden. Am wahrscheinlichsten ist, daß das Verbot eine Folge der Erkundung Jütlands 5 n. Chr. war, die zugleich die Unmöglichkeit einer Flottenunterstützung für die Gebiete östlich der Elbe erkennbar machte. Damit wurde die Gefahr, den römischen Machtanspruch zu überdehnen und in Gebiete ordnend eingreifen zu wollen, die kaum mehr mit größeren Truppenverbänden bzw. Versorgungsgütern erreicht werden konnten, deutlich sichtbar. Erst jetzt wurde die Elbe von einer *landmark* zu einer Grenze des römischen Interventionsraumes, aber eben erst als Folge der vorangeschrittenen Erkundung und als deren geographische Konsequenz. Vielleicht ist der 6 n. Chr. begonnene Angriff auf das Reich des Maroboduus sogar als ein Reflex auf eine jetzt klarere Raumauffassung, die Germanien nicht mehr nur als scheinbar unermeßliches Vorfeld begriff, und exaktere Definition eigener Machtansprüche zu verstehen. Der Formulierung des Velleius Paterculus, daß es in Germanien nichts anderes mehr als das Markomannenreich zu besiegen gab, liegt jedenfalls eine Vorstellung zugrunde, die ein politisch zu beherrschendes Germanien als Raum zwischen Rhein, Donau und Elbe definierte.

Ein wesentliches Kriterium zur Bestimmung der Reichweite und der Intensität der römischen Herrschaft ist der archäolo-

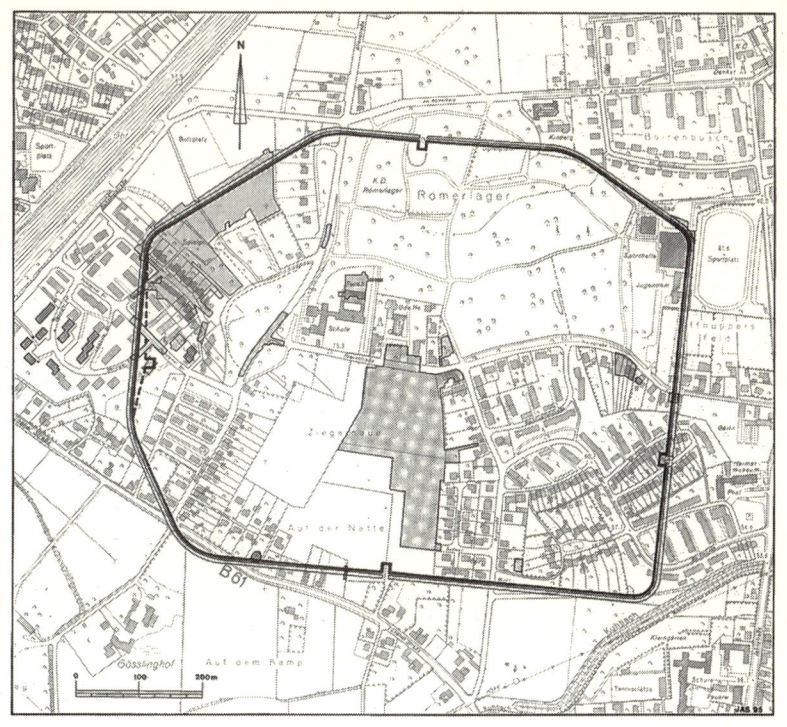

Abb. 6: Das Römerlager Oberaden

gische Befund. Insbesondere die bislang im inneren Germanien entdeckten Militäranlagen sind geeignet, die römischen Operationsgebiete anzuzeigen.

In den letzten beiden Jahrzehnten sind unsere diesbezüglichen Kenntnisse ganz erheblich angewachsen, und einige spektakuläre Neufunde – die nicht zuletzt dank einer immer ausgereifteren Luftbildarchäologie gelungen sind, mit deren Hilfe man auch nach Jahrtausenden noch die Spuren alter Anlagen im Gelände erkennen kann – haben unser Bild von der römischen Militärpräsenz in Germanien erheblich flächiger und zugleich dichter werden lassen. Deutlich zeichnen sich zwei Vormarschwege ab, einmal von dem linksrheinischer Lager

Vetera bei Xanten ausgehend, die Lippe entlang über Holsterhausen, Haltern, Oberaden mit Beckinghausen, Anreppen und bis Bielefeld, zum anderen von Mainz aus durch die Wetterau nach Friedberg, Rödgen und Bad Nauheim. Allerneueste Funde bei Dorlar und Lahnau-Waldgirmes deuten dazwischen noch auf einen Weg durch das Lahntal.

Nicht immer ausreichend präzise bestimmen lassen sich Chronologie und Belegungszeit der einzelnen militärischen Anlagen. Zu den frühesten im rechtsrheinischen Gebiet zählt das große Lager von Oberaden bei Bergkamen. Saftfrisch geschlagene Hölzer erlauben mit Hilfe der Jahresringe einzelne Baumaßnahmen zwischen 11 und 8/7 v. Chr. zu datieren. Damit dürfte Oberaden jenes Militärlager sein, das Drusus am Ende des Feldzugjahres 11 v. Chr. am *„Zusammenfluß von Lippe und Elison"* errichten ließ (Dio 54,33,4).

Zweck der Militäranlage war es nach Cassius Dio, die germanischen Gegner zu demütigen. Dazu war das über 70 Kilometer lippeaufwärts angelegte und bestens ausgebaute Lager in der Tat geeignet (Abb. 6): Auf einer leichten Erhebung erstreckte sich die siebeneckige Anlage geländebeherrschend über ca. 680 Meter in der Länge und 840 Meter in der Breite. Sie umschloß eine Fläche von rund 56 Hektar. Ein 5 Meter breiter und etwa 3 Meter tiefer, an der Basis spitz zulaufender Graben bildete gemeinsam mit einer 3 Meter breiten Holz-Erde-Mauer die 2,7 Kilometer lange Umwehrung. An allen vier Hauptseiten des Lagers gab es mächtige Toranlagen, im Mauerring selbst waren im Abstand von 25 Metern Türme eingebaut. Auch die inneren Teile des Lagers scheinen vollständig ausgebaut gewesen zu sein: Ein rechtwinkliges Raster gliederte die einzelnen Bebauungsblöcke, Abdrücke von Flechtwerk lassen vermuten, daß die Innenbauten in einer Art Fachwerktechnik errichtet wurden.

Besonders imposant ist das zwischen 1985 und 1994 aufgedeckte *praetorium*, das Kommandeurshaus im Zentrum des Lagers. Das eigentliche Gebäude mißt 41 x 59 Meter und hat in seiner Architektur mit Vorhalle, Vorhof und großem Innenhof deutliche Anklänge an römische Villentypen. Es wurde in einer Position errichtet, wo eigentlich das Stabsgebäude, die *principia* zu erwarten war. Ohne Frage dürfte es unmittelbar auf den Rang des hier residierenden Befehlshabers zurückzuführen sein, daß sich das Oberadener *praetorium* derart heraushob, und man darf sich an diesem Ort durchaus die Anwesenheit von Drusus selbst vorstellen.

Der von Oberaden ausgehende Machtanspruch war unübersehbar. Raumschiffartig – oder wie ein frühneuzeitliches Fort in den Kolonialgebieten – erhob sich die gewaltige Anlage inmitten einer von eher lockeren Stammesstrukturen geprägten bäuerlichen Welt. Ein größerer Kontrast zu den germanischen Gehöften, als ihn diese stark befestigte und bestens organisierte Bastion mit einer möglichen Besatzung von weit über 10 000 Mann bot, war kaum denkbar. Versorgt wurde das Lager über eine eigene kleine Hafenanlage im 2,5 Kilometer entfernten Beckinghausen. Sie verband diesen Vorposten des Römischen Reiches über die Lippe mit dem Rhein.

Der großartige Ausbau von Oberaden ist auch deshalb bemerkenswert, weil er unabhängig von der politisch feststellbaren Zäsur von 11 auf 10 v. Chr. bestehenblieb. Der durch die beabsichtigte Schließung des *Ianus*-Tempels erreichte Friedenszustand schloß eine weit ausgreifende Vorfeldsicherung ein, wie sie hier durch massive militärische Präsenz und im Nordseebereich durch diplomatische Verbindungen mit den Friesen und wohl auch Chauken gegeben war. Gemeinsam mit einem literarisch bezeugten und in seinen Dimensionen wohl mit der Anlage von Oberaden vergleichbaren Militärkomplex im Gebiet der Chatten waren diese Maßnahmen durchaus geeignet, an den bisherigen Gefahrenstellen weitere germanische Einfälle nach Gallien zu unterbinden.

Die Anlage von Oberaden wurde vermutlich um 8/7 v. Chr. geräumt und durch Inbrandsetzen systematisch unbrauchbar gemacht. Ihr Zweck könnte sich durch die Umsiedlung der Sugambrer erübrigt haben. Doch dem archäologischen Befund nach wurden auch die Anlage im hessischen Rödgen und das große Lager von Dangstetten am Oberrhein ungefähr zeitgleich aufgegeben.

In der Forschung wird strittig diskutiert, ob sich in der Aufgabe dieser Plätze nicht vielleicht ein genereller Rückzug der Römer aus den germanischen Gebieten spiegelt. Allerdings konnte bereits oben festgestellt werden, daß die literarischen Quellen und auch die stadtrömischen Symbolisierungen mit dem gerade in diesen Jahren betonten Anspruch auf Germanien nicht geeignet sind, diese Interpretation des derzeitigen archäologischen Befunds zu stützen.

Konkret faßbar wird das Problem an dem ungefähr 20 Kilometer westlich von Oberaden errichteten großen Militärkomplex von Haltern. Eine Vielzahl zeitlich zum Teil aufeinander folgender militärischer Anlagen konnte hier nachgewiesen werden, angefangen von einem wohl frühen Kastell auf der Spitze des geländebeherrschenden Annaberges, über ein äußerst großes, frühes Marschlager, ein 1997 neuentdecktes „Ostlager", einen gut ausgebauten Anlegepunkt an der Lippe mit Schiffshäusern, dazu zahlreiche weitere, als Militäranlage oder Lagervorstadt noch nicht genau zuweisbare Baukomplexe. Am bedeutendsten ist das selbst wiederum in zahlreiche Bauphasen untergliederte, in der letzten Ausbaustufe ungefähr 18 Hektar große „Hauptlager". Sich mit dem frühen Marschlager überschneidend, lag es in annähernd rechteckiger Form auf einer Anhöhe oberhalb der Lippe. Die zahlreichen Kleinfunde, die *Terra Sigillata* (glasierte Tonscherben), Fibeln und insbesondere die Münzen, zeigen eindeutig, daß dieses Lager später als jenes in Oberaden entstand; zugleich gibt es aber auch kaum Überschneidungen mit dem Fundmaterial von Oberaden. Ist dieses nun ein Zeichen für eine deutliche zeitliche Lücke zwischen dem sogenannten „Oberaden-Horizont" und jenem von Haltern? Oder können auch dicht benachbarte und zeitgleiche Militäranlagen aufgrund unterschiedlicher Herkunft der Truppen und unterschiedlicher Zulieferungswege ein völlig voneinander abweichendes Inventar besitzen? Kann Haltern also unmittelbar auf Oberaden gefolgt sein und dieses vielleicht in seiner Funktion abgelöst haben, oder wurde dieses Lager erst nach einer deutlichen zeitlichen Lücke, eventuell erst im Zuge des *immensum bellum*, errichtet, und damit in einer vielleicht neuen Phase römischer Germanienpolitik? Schriftliche Quellen und archäologischer Befund können hier im Moment noch nicht zu einem stimmigen Bild verbunden werden.

Die Frage hat auch deshalb Gewicht, weil Haltern unbestritten in einer Form ausgebaut wurde, die es geeignet machte, auch zu einem verwaltungsorganisatorischen und zivilen Zentralort zu werden: Im Lagerkomplex selbst gab es Eisenverarbeitung und vor allem eine *Terra Sigillata*-Produktion hoher Qualität, deren Erzeugnisse von hier in umliegende Regionen exportiert wurden. In den verschiedenen Bauphasen zeichnet sich gegen Ende ein ungewöhnlich hoher Anteil an sogenannten Offiziersgebäuden ab, so daß selbst ein genereller Umbau von militärischer Nutzung hin zu Verwaltungsaufgaben möglich erscheint.

Auch mit Blick auf den Gesellschaftsaufbau der dort ansässigen Bevölkerung hob sich Haltern deutlich von einem üblichen Militärlager ab. Wenn auch die Zuweisung einiger Bebauungsspuren zu einer Lagervorstadt noch nicht gänzlich gesichert ist, so ist die Anwesenheit von römischen Zivilisten, Händlern, Handwerkern, aber auch von Frauen und Kindern durch die römische Gräberstraße eindeutig belegt. Monumentale römische Grabanlagen bis zu einem Durchmesser von 14 Metern sind unübersehbares Zeugnis, daß zahlreiche Römer hier eine neue Heimat gefunden hatten und daß ein Verlassen dieses Platzes außerhalb ihrer Vorstellungen lag.

Ein ganz ähnliches Bild bieten neueste Grabungen im seit 1993 bekannten Stützpunkt von Lahnau-Waldgirmes am nördlichen Lahnufer. In dem acht Hektar großen umwehrten Komplex zwischen Wetzlar und Gießen konnten erstmals für das innere Germanien römische Steinfundamentierungen nachgewiesen werden! Darüber hinaus zeigt die ganze Anlage vielfältige Spuren ziviler Tätigkeiten: Schlacken, Töpferöfen und Werkzeugfunde verweisen auf intensive handwerkliche Verrichtungen. Während Waffen und für Militärlager typische Kleinobjekte unter den Funden nur äußerst schwach vertreten sind, gibt es einige eher dem Zivilleben zuzuordnende Gegenstände von bemerkenswerter Qualität. Oft verweisen sie, wie etwa eine aufwendig bearbeitete silberne Scheibenfibel mit Glaseinlagen, auf mediterrane Herkunft. In großem Umfang ist aber auch grobe germanische Keramik vertreten, und beides zusammen ist kaum anders denn als Zeugnis für einen friedlichen Austauschprozeß zwischen den Römern und der einheimischen Bevölkerung zu interpretieren.

Ein freigelegtes Zentralgebäude mit einem vorgelagerten Platz wird von den Ausgräbern sogar als *forum* gedeutet, d. h. als Markt- und Versammlungsplatz und mithin als typisches Element stadtrömischer Kultur: Sie halten es für möglich, hier erstmals einen von den Römern planmäßig angelegten Zivilplatz aufgedeckt zu haben, so wie sie nach Cassius Dio von den römischen Truppen in verschiedenen Teilen des rechtsrheinischen Germanien errichtet worden sein sollen (Dio 56,18,2). Reste eines lebensgroßen bronzenen Reiterstandbildes, das vergoldet war und wohl auf einer Statuenbasis im Innenhof des Zentralgebäudes stand, werden als Augustus-Statue gedeutet. Dies wäre der früheste Beleg für eine solche Statue nördlich der Alpen.

Vielzahl und Größe der römischen Militäranlagen im rechtsrheinischen Gebiet deuten bereits an, daß die verschiedenen Anlagen nicht alle gleichzeitig besetzt gewesen sein können, vor allem jedoch nicht in der nach der Größe jeweils möglichen Mannschaftsstärke. Eindrucksvolles Beispiel ist das gut ausgebaute Lager von Marktbreit, von dem wir mittlerweile wissen, daß es nur von Pioniereinheiten errichtet wurde und trotz seiner beachtlichen Größe von rund 37 Hektar wohl niemals von Truppen belegt worden war. Das römische Heer operierte in der Regel weiterhin von der Rheinlinie aus. Vor allem war hier die Versorgung aus dem Inneren Galliens deutlich leichter zu bewerkstelligen als in den germanischen Gebieten. Die weiter vorgeschobenen Positionen waren während des Winters sicherlich nicht völlig geräumt, aber die Garnisonsstärke dürfte reduziert gewesen sein.

Insgesamt war mit den Militäranlagen ein Netz errichtet worden, mit dem Rom an verschiedenen Orten Präsenz zeigte und die Vorgänge in Germanien vor allem politisch kontrollierte. Wie man sich in diesem Rahmen die römische Herrschaft vorzustellen hat, zeigen etwa der Zug des Domitius Ahenobarbus, bei dem er mit großem Heeresgefolge die verschiedenen Landesteile besuchte und vor Ort Ordnungsaufgaben wahrnahm, ebenso aber auch die Berichte über die Vorgeschichte zur sogenannten Varusschlacht. Tief im Inneren des Landes sprach Varus Recht, regelte die Beitreibung von Abgaben und griff vermittelnd in stammesinterne wie stammesübergreifende Konflikte ein. Das ihn begleitende Heer dürfte nicht nur den für erfolgreiches Verhandeln hilfreichen Druck ausgeübt haben, sondern es trug darüber hinaus zur Verbesserung der Infrastruktur und damit auch der römischen Erschließung des Landes bei. Gerade die von den Soldaten vorgenommenen Wegebauarbeiten werden in den schriftlichen Quellen immer wieder erwähnt.

Diese Art der Herrschaftsausübung war nicht nur den besonderen siedlungs- und verkehrsgeographischen Bedingungen innerhalb Germaniens angemessen, sondern sie entsprach der römischen Herrschaftspraxis überhaupt. Bei einer nur gering ausgebildeten eigenen Verwaltung griff Rom, wo immer es möglich war, auf vorhandene politische Strukturen zurück und bediente sich eher indirekter Herrschaftsformen. Schon zum Zeitpunkt der Herrschaftsergreifung zog man es vor, potentielle Gegner als Bundesgenossen auf die eigene Seite zu ziehen. Das Zusammenspiel von Gewinnung und Förderung von Bundesgenossen, die Unterstützung traditioneller Stammesführungen oder aber Stärkung oppositioneller Kreise – um die so Geförderten bzw. an die Macht Gebrachten in einer dankbaren Abhängigkeit zu halten – ist in Caesars *Commentarii* zum Gallischen Krieg in allen Details beschrieben. Und auch in Germanien war eine Herrschaftsergreifung allein mit militärischer Gewalt nicht möglich, eine Herrschaftssicherung ohne einheimische Kooperationen schon gar nicht.

6. Arminius und der Untergang des Varusheeres im Teutoburger Wald

„Wenn Hermann nicht die Schlacht gewann/mit seinen blonden Horden/so gäb' es die deutsche Freiheit nicht mehr/wir wären römisch geworden." – Unzählige Male wurden die Zeilen aus Heinrich Heines *Deutschland. Ein Wintermärchen* zitiert, um die weit in die Geschichte Europas hineinreichenden Konsequenzen der sogenannten „Schlacht im Teutoburger Wald" auf den Punkt zu bringen. Auch einem Faltblatt zu dem möglicherweise mit dem Ort der Varusschlacht zu verbindenden Fundkomplex von Kalkriese bei Osnabrück sind die Zeilen als Motto beigegeben. Man ist sich nicht sicher, ob die tiefe Ironie des 1844 geschriebenen Gedichts heute noch allen bewußt ist.

Das Gedicht Heinrich Heines steht in einer langen Reihe der wissenschaftlichen wie auch literarischen und künstlerischen Rezeption der Varuskatastrophe, und Heine gehört zu der eher kleinen Gruppe derjenigen, die die unhistorische Gleichsetzung von „den Germanen" mit den späteren „Deutschen" bemerkt und die daraus erwachsenen Idealisierungen und Projektionen mit scharfer Zunge gegeißelt haben. Gerade die populären Bearbeitungen des Themas haben dazu geführt, daß die Vorstellungen von der Varusschlacht mit ebenso unentwirrbaren Bildern überfrachtet wie gegensätzlich sind.

Bemerkenswert ist zunächst, daß der Angriff auf den damaligen römischen Befehlshaber Varus, der mit Augustus selbst verwandt war, seinen Ausgang von einem Rom besonders verbundenen Stamm nahm. Die diesbezügliche Parallele zur großen gallischen Erhebung unter dem Arvener Vercingetorix, der Caesar ebenfalls persönlich verpflichtet war, ist nur umso beachtlicher. Die Cherusker waren von Rom vielfach gefördert und privilegiert worden, im Gegenzug unterstützten sie Rom mit Hilfstruppen. Arminius selbst war Befehlshaber einer Truppe von Landsleuten, mit denen er wohl schon in den Jahren 6 bis 9 n. Chr. an der Seite Roms dazu beitrug, den pannonischen Aufstand niederzuschlagen. Bündnispflichten, vielleicht auch vorauseilende Loyalität, und sicherlich Hoffnungen auf Belohnungen und Beute dürften ihn zu diesem Engagement weit außerhalb der Heimat bewogen haben. Aufgrund seiner Verdienste wurde Arminius mit dem römischen Bürgerrecht und sogar dem Rang eines Ritters belohnt. Die Chancen, im Windschatten Roms Karriere zu machen und bald in eine herausgehobene Position zu kommen, standen nicht schlecht. Sein Schwager Segimundus, Sohn des wohl den Stamm führenden Segestes, hatte es bereits bis zum Priester an der wichtigen römisch-germanischen Kult- und Verwaltungsstätte gebracht, der *ara Ubiorum*. Der in Köln stehende Altar sollte für Germanien dieselbe Integrationsfunktion ausfüllen, wie der Altar von *Lugdunum* für Gallien.

Unübersehbar sind aber auch Auseinandersetzungen in der Führungsschicht der Cherusker. Arminius dürfte zu dieser Zeit noch nicht an der Spitze seines Stammes gestanden haben. Eine konkrete Anzeige des Segestes über bevorstehende Unruhen scheint Varus als eine der üblichen Auseinandersetzungen, bei der innenpolitische Kräfteverhältnisse mit Roms Hilfe verschoben werden sollten, abgetan zu haben. Selbst den vermittelnden Vorschlag, doch alle cheruskischen Führer vorsorglich zu internieren, lehnte Varus ab. Sicherlich wußte er, daß gegenseitiges Vertrauen ein wichtiges Element der römischen Herrschaft war und daß der geforderte Eingriff das Verhältnis nachhaltig belasten würde.

Über den konkreten Ablauf der Katastrophe liegt ein detailreicher Bericht des Cassius Dio vor, der allgemein als in den Grundzügen zuverlässig gilt. Demnach wurde Varus, als er sich im Herbst 9 n. Chr. bei den Cheruskern im Bereich der Weser befand, ein geographisch entfernter Unruheherd angezeigt, zu dem er dann mit drei Legionen ausrückte. Auf dem Weg dorthin mußten die Truppen das ihnen unbekannte, schwere Gelände immer wieder mit der Anlage von Wegen, Fällen von Bäumen und Überbrückung von Geländeabschnitten zugänglich machen, bis sie schließlich in einen von den Germanen aufgebauten Hinterhalt gerieten. Unter dem Vorwand, weitere

Truppen zu mobilisieren, hatten viele der germanischen Beglei-
ter zuvor den römischen Heereszug verlassen.

Dem mit seinem Troß langgezogenen und in der lockeren
Marschordnung nicht auf feindliche Angriffe vorbereiteten
Heer gelang es nach ersten heftigen Abwehrkämpfen, auf
einem bewaldeten Hügel ein Lager aufzuschlagen. Dort redu-
zierte man durch Verbrennung nicht dringend benötigter Gegenstände den Troß. Jetzt auf die neue Situation eingestellt,
zogen die Truppen am nächsten Tag in besserer, d. h. geschlossener und abwehrbereiter Ordnung weiter. Dabei erreichten sie
sogar waldfreies Gelände, wo sich ihnen günstigere Bedingungen zur Verteidigung boten. Doch offensichtlich war es unum-
gänglich, den Weg erneut durch Wälder fortzusetzen. Sofort
setzten die Angriffe der Germanen wieder ein, und die Legionen scheinen jetzt ihre schwersten Verluste erlitten zu haben.

Anscheinend ohne Lagerbau versuchte das Heer daraufhin,
den Vormarsch auch in der Nacht fortzusetzen. Starke Winde
und kräftig einsetzende Regenfälle machten den Untergrund
schwer begehbar und schränkten Einsatz- und Funktionsfähig-
keit der römischen Waffen ein. Die Germanen setzten unterdes
ihre Angriffe auf den Heereszug ununterbrochen fort. Bisherige
Erfolge und die Hoffnung auf Beute bescherten ihnen den Zuzug weiterer Gruppen. Am Ende gelang den germanischen
Kämpfern die Umzingelung der Römer. Um der Gefangen-
schaft zu entgehen, gaben sich der bereits verwundete Varus
und weitere Offiziere selbst den Tod.

Der Untergang des Varusheeres wird seit einiger Zeit mit
dem spektakulären Fundort von Kalkriese am nördlichen Rand
des Wiehengebirges in Zusammenhang gebracht. In einem weit
gestreuten Bereich sind hier entlang eines Weges zahlreiche
römische Militaria gefunden worden, die aufgrund ihrer
Verteilung im Gelände und ihrer Lage unter abgestürzten
Erdschichten ein größeres Kampfgeschehen nahelegen. Selbst
notdürftig in Gruben verscharrte Leichenreste konnten mittlerweile geborgen werden. Die Datierung der in großer Zahl gefundenen Münzen scheint das Jahr 9 n. Chr. nicht zu überschreiten. Die Geländesituation selbst ist als ein an seiner

schmalsten Stelle nur etwa ein Kilometer breiter Engpaß zu beschreiben, dessen Ränder die nördlichen Ausläufer des Wiehengebirges und das vorgelagerte Große Moor bilden. Dabei wurde der passierbare Bereich durch staunasse Böden sowie einen möglicherweise von Germanen errichteten Wall noch weiter eingeschränkt.

Sind die Spuren für ein Kampfgeschehen im Prinzip unstrittig, so ergibt sich im Moment noch eine Unstimmigkeit daraus, daß der Weg durch die Kalkrieser-Niewedder Senke eine der zentralen West-Ost-Verbindungen in Norddeutschland ist. Der in dem Bericht des Cassius Dio beschriebene Hinterhalt in einem den Römern völlig unbekannten und schweren Gelände war dieses sicherlich nicht. Auch die den ganzen Ablauf des drei- oder viertägigen Marsches strukturierenden topographischen Angaben lassen sich an dieser Stelle nur schwer ausmachen.

Gewicht gewinnen diese Einwände, weil es für das Jahr 15 n. Chr. die Schilderung eines mit großer Sicherheit zwischen Weser und Ems anzusetzenden Hinterhalts gibt, in den der römische Legat Aulus Caecina mit insgesamt vier Legionen geriet und aus dem er nur unter großen Verlusten entkommen konnte. Die dort gegebene Landschaftsbeschreibung mit einer schmalen Fläche zwischen einem stark wasserführenden Berg – von dem aus die Germanen angriffen – und einem vorgelagerten Moor scheint die topographische Situation von Kalkriese sehr genau zu treffen.

Allerdings können wir die Genauigkeit der beiden Berichte und die sachliche Richtigkeit der dort gegebenen Details kaum zutreffend beurteilen. Viele Elemente – wie feuchtkaltes Klima, dichte Wälder, mooriger Untergrund etc. – können allein einer allgemeinen Nordländer-Topik, wie man sie sich zumal von Italien aus vorstellte, entnommen und hier nur zu Ausmalungen herangezogen worden sein. Auch sahen die antiken Geschichtsschreiber mehrere Situationen als unmittelbare Parallelen zur Varuskatastrophe. Bei diesbezüglichen Schilderungen übernahmen sie offensichtlich Versatzstücke aus diesem besser dokumentierten Ereignis, oder sie spielten mit je eigener Aussageabsicht darauf an. Auch anläßlich des Caecinahinterhalts betont Tacitus ausdrücklich die Parallele zur Varuskatastrophe und lenkt so den Blick des Lesers darauf, warum Caecina im Gegensatz zu Varus ein Entkommen gelang.

Der numismatische Befund, also die Auswertung der gefundenen römischen Münzen, läßt leider gleichfalls einige Interpretationsspielräume: Nach 9 n. Chr. geprägte Münzen scheinen zwar nicht in Kalkriese vorzukommen, doch wir wissen nicht, welche Verteilungswege es von der Münzstätte gegeben hat und wie lange es dauerte, bis eine frisch geprägte Münze bei den Soldaten in Germanien ankam. Hinzu kommt, daß die Münzprägung in diesen Jahren alles andere als regelmäßig war. Der Staat muß seine Soldaten vielfach mit alten und bereits umgelaufenen Münzen bezahlt haben. Daß wir schließlich in Norddeutschland keine archäologischen oder numismatisch signifikanten Funde aus der Germanicus-Zeit haben – obwohl wir hier von großen Truppenkontingenten wissen, die das Land regelmäßig durchzogen und dabei in zahlreiche und teils äußerst verlustreiche Auseinandersetzungen gerieten – könnte Anlaß sein, unsere derzeitigen methodischen Grundlagen zur numismatischen Datierung spätaugusteischer Fundkomplexe noch einmal zu überprüfen.

Doch wie dem auch sei: Ohne Frage ist der Fundplatz Kalkriese für die römisch-germanische Auseinandersetzung von grundlegender Bedeutung. Es ist zu hoffen, daß die weiteren Ausgrabungen und Untersuchungen zügig vorangehen und uns eines Tages auch die eindeutige Beantwortung dieser Fragen erlauben werden.

Im übrigen waren die drei Legionen des Varus nicht die einzigen Truppen, die sich im Herbst 9 n. Chr. im rechtsrheinischen Germanien aufhielten. Wir hören von kleineren Einheiten und Besatzungen, die weiter im Land verstreut ihren Dienst versahen und von den Germanen leicht niedergemacht werden konnten. Lucius Asprenas gelang es, zwei von ihm befehligte Legionen unbehelligt an den Rhein zurückzuführen, und an der Lippe hielten im Lager *Aliso* römische Militärs und Zivilisten den germanischen Belagerern wohl noch bis zu ihrem erfolgreichen Ausbruch im Jahre 10 n. Chr. erfolgreich stand. Vielleicht wäre ja auch Varus bei einem geschickteren Verhalten tatsächlich ein Entkommen möglich gewesen.

7. Die Feldzüge des Germanicus und der römische Verzicht auf das rechtsrheinische Germanien

„*Quinctili Vare, legiones redde!*" – „Quinctilius Varus, gib mir meine Legionen wieder!" In der Notiz Suetons über den immer wieder diesen Satz ausrufenden Augustus, der dabei verzweifelt mit dem Kopf gegen die Türen stieß (Suet. Aug. 23), scheint die überragende Bedeutung der Varusniederlage treffend zum Ausdruck zu kommen. Noch weiter spannte Christian Dietrich Grabbe in seiner 1835 veröffentlichten *Hermannsschlacht* den welthistorischen Bogen: In der Schlußszene wird dem sterbenden Augustus die Nachricht von der Niederlage des Varus und zugleich von der Geburt Jesus' überbracht.

Der Forschung ist mittlerweile deutlicher geworden, daß viele der tiefe Verzweiflung und Depression ausdrückenden Handlungen des Augustus durchaus den üblichen – und von der Öffentlichkeit geradezu erwarteten – Regeln der Trauer entsprachen. Augustus übernahm damit seinen Part an der Verarbeitung der unerwarteten Niederlage, die immerhin seine Sieghaftigkeit und die des römischen Volkes in Frage stellte. Zur Aufrechterhaltung der etablierten Ordnung war es überdies hilfreich, einen Haupt- oder möglichst Alleinschuldigen ausfindig zu machen, d. h. dem vor Ort kommandierenden Feldherrn ein allzu naives und dilettantisches Verhalten zuzuschreiben.

Die selbst für römische Verhältnisse allein aufgrund der Menschenverluste gravierende Niederlage gilt allgemein als Wendepunkt in der römischen Germanienpolitik. Als frühestes Zeugnis kann sich eine solche Ansicht auf den Nachruf des Tacitus zum Tod des Arminius berufen, wo er ihn als *liberator haud dubie Germaniae* bezeichnete, als „unstreitig der Befreier Germaniens" (Tac. *annales* 2,88,2). Doch sind Zweifel angebracht, ob dieses Urteil vom Anfang des 2. Jahrhunderts n. Chr. wirklich schon der zeitgenössischen Einschätzung der Niederlage entsprach.

Nach dem Untergang des Varusheeres übernahm Tiberius, der im Frühjahr 10 n. Chr. dort eintraf, abermals den Oberbefehl am Rhein. Die verlorenen Truppen wurden von ihm nicht nur ersetzt, sondern die Zahl der am Rhein stationierten Legionen um zwei weitere auf jetzt insgesamt acht erhöht. Parallel dazu wurde das Heer wohl jetzt in ein „oberes" und ein „unteres" Kommando eingeteilt. Einen Feldzug gegen die Germanen unternahm Tiberius in diesem Jahr offensichtlich noch nicht, obwohl der Dichter Ovid bereits neue Siegeshoffnungen in Verse faßte.

Im Jahre 11 n. Chr. überschritt Tiberius dann mit dem Heer den Rhein. Mit äußerster, durch strenge Disziplin unterstützter Vorsicht zog er durch die germanischen Gebiete und verwüstete das Land. Dabei entfernte er sich wohl nicht allzu weit vom Rhein, schlug keine Schlachten und nahm offensichtlich auch keine Unterwerfungen entgegen. Ovid malte sich unterdes schon den Triumph des Tiberius über Germanien in allen Einzelheiten aus, und immerhin nahmen Augustus und Tiberius die Akklamation als Imperatoren an. Tatsächlich scheint wieder mit der Festigung oder dem Ausbau einer Kette von Stützpunkten entlang der Lippe begonnen worden zu sein, und ebenso sind Flottenoperationen bezeugt. Im Jahr darauf führte Tiberius das Heer erneut durch Germanien. Überliefert ist eine erfolgreiche Schlacht, die vermutlich gegen die Brukterer geschlagen wurde. Ende Herbst übergab er dann das Kommondo dem Germanicus. Was Tiberius in diesen Jahren erreicht hatte, läßt sich kaum feststellen: Dafür, daß er Germanien vollständig zertrümmerte und der ausgebliebene Triumphzug in Rom mit Velleius Paterculus Unverständnis erwecken mußte, gibt es keine Anzeichen. Zu erkennen ist allerdings, wie Tiberius mit großer Vorsicht versuchte, Stück um Stück im rechtsrheinischen Gebiet erneut Fuß zu fassen.

Die Vorstöße ins rechtsrheinische Gebiet wurden von Germanicus fortgesetzt. Spätestens 13 n. Chr., also noch zu Lebzeiten des Augustus, konnte er eine Akklamation als Imperator entgegennehmen, d. h. er wurde von Augustus nicht auf eine defensive Haltung festgelegt. Allein die Entsendung des Germanicus – dessen Name ja schon ein Programm war – an den Rhein schuf Konstellationen, die schwerlich mit einer Absicht zur Defensive und einem Verzicht auf die rechtsrheinischen Gebiete vereinbar sind: Mit 28 Jahren und großem Ehrgeiz führte er das mächtigste Truppenkontingent seiner Zeit, und ihm gegenüber stand der einzige größere Gegner, mit dem sich das Römische Reich noch im Kriegszustand befand. Hinzu kam, daß gerade die Rheinlegionen das Andenken an seinen leiblichen Vater Drusus in höchsten Ehren hielten, und es war zu erwarten, daß sie ihre Sympathien bereitwillig auf Germanicus übertragen würden, stets die Leistungen des Drusus im Auge behaltend und Entsprechendes erwartend. Germanicus knüpfte seinerseits bewußt daran an und begriff das Erbe seines Vaters als Auftrag. In den folgenden Feldzugsjahren berief er sich immer wieder auf das Vorbild des Drusus, betete zu ihm im Angesicht des Heeres und forderte zur Nachahmung von dessen Taten auf; ja, wiederholt proklamierte er das Erreichen der Elbe als Verwirklichung der väterlichen Pläne.

Als 14 n. Chr. Augustus starb und Tiberius in Rom die Regierungsgewalt übernahm, konnte Germanicus zunächst am Rhein eine aufkeimende Meuterei der Truppen unterdrücken. Dabei kam er auch nicht in Versuchung, dem Angebot des Heeres nachzukommen, seinerseits die Staatsführung zu übernehmen. Dennoch waren von nun an Spannungen zwischen Tiberius und Germanicus nicht zu übersehen. Germanicus führte in der folgenden Zeit, von 14 bis 16 n.Chr., das Heer regelmäßig und zunehmend tiefer nach Germanien hinein. Dabei riefen sein unbedingtes Voranschreiten und sein oft allzu leichtsinniges und mit hohen Verlusten bezahltes Vorgehen den Unmut des Tiberius hervor. Bereits Ende des Jahres 15 n. Chr. zeichnete der neue Prinzeps in Rom Germanicus mit einem Triumph für seine Taten in Germanien aus, die beteiligten Legaten mit den Triumphalabzeichen. Die Ehrungen standen in keinem Verhältnis zum tatsächlich Erreichten und können nur als Hinweis darauf gedeutet werden, daß Tiberius den Krieg in Germanien abschließen wollte. Germanicus hielt jedoch an seinem Ziel der Verwirklichung des väterlichen Erbes fest, verschob die Feier des Triumphs und rückte im folgenden Jahr, 16 n. Chr., nur um so energischer ins rechtsrheinische Gebiet vor. Er drang schließlich bis weit ins cheruskische Gebiet ein und konnte eine von den Cheruskern zusammengebrachte Koalition nordgermanischer Stämme in zwei großen Schlachten, bei *Idistaviso* und am Angrivarierwall, besiegen. Siegesdenkmäler über die Cherusker und ihre Verbündeten sowie über die bezwungenen Völker zwischen Rhein und Elbe schmückten die Schlachtfelder. Doch dauernde Erfolge blieben Germanicus versagt. Die Umsetzung der militärischen Macht und der Siege in Herrschaftsstrukturen gelang nicht. Und auch diesmal zwang ihn die fortgeschrittene Jahreszeit zum Rückzug.

Der im Vorjahr zu Tage gekommene Konflikt zwischen Tiberius und Germanicus entschied sich nun. Tiberius bemängelte abermals die Art der Kriegführung und die hohen Verluste, wenn er sich auch bemühte, diese dem Germanicus nicht allein anzulasten. Er wies auf die von ihm selbst geführten Kriege in Germanien hin, in denen er *plura consilio quam vi*, mehr durch kluges Vorgehen als durch Gewalt erreicht habe. Das von Germanicus erbetene zusätzliche Jahr, nach dem er die seiner Meinung nach entscheidend geschwächten Germanen endgültig besiegt zu haben glaubte, wurde ihm von Tiberius verwehrt. Das Angebot eines Konsulats in Rom, der Hinweis auf den noch zu feiernden Triumph und die Aussicht auf ein großes Kommando zur Ordnung der Verhältnisse im Orient ermöglichten es Tiberius, dem Germanicus unter voller Wahrung der Form die Führung über die Rheinlegionen zu entziehen.

In Rom feierte Germanicus am 26. Mai 17 n. Chr. seinen Triumph *De Cheruscis Chattisque et Angrivariis quaeque aliae nationes usque ad Albim colunt*, d. h. „Über die Cherusker und Chatten sowie die Angrivarier und die anderen Volksstämme, die im Gebiet bis zur Elbe wohnen", womit Auftrag und Erbe gleichermaßen offiziell als erfüllt galten. Die glänzende Feier wird bei den zeitgenössischen Autoren breit ausgemalt, und sie

Abb. 7: Germanicus-Dupondius:
„SIGNIS RECEP(TIS) – DEVICTIS GERM(ANIS)" (RIC I² 57 [Gaius], vergrößert)

sollte sicherlich über das wenige tatsächlich Erreichte hinweg-
täuschen. Zu dem Zählbaren gehörte schließlich noch die Ge-
fangennahme der Thusnelda, der schwangeren Gattin des Arminius, sowie die Rückgewinnung von zwei der drei unter
Varus verlorenen Feldzeichen: Eines wurde 15 n. Chr. von den
Brukterern zurückgewonnen, das andere im Jahr darauf mit
Hilfe eines Überläufers aus marsischem Gebiet geholt. Der Besuch des Varusschlachtfeldes mit der Bestattung der dort verbliebenen sterblichen Überreste der Gefallenen im Jahre 15
n. Chr. zählte aufgrund der harschen stadtrömischen Kritik
kaum zu den Positivpunkten von Germanicus' Kommando.

Tiberius erscheint als der neue Herrscher, der zugleich maß-
geblich an der Eroberung Germaniens beteiligt war, den Mut
zu einer Kurskorrektur in der Germanienpolitik fand und dabei auch sein eigenes Prestige riskierte. Die Kraft für seinen
langanhaltenden Widerstand gegen diese neue Politik dürfte
Germanicus daraus geschöpft haben, daß er sich bei seinen
Rückeroberungsabsichten noch als Sachwalter der augusteischen Pläne verstand.

Als Germanicus im Jahre 19 n. Chr. unter nicht ganz geklär-
ten Umständen im Osten des Reiches verstarb, wurde in einem
ausführlichen, an mehreren Stellen des Reiches veröffentlichten Senatsbeschluß mit der Aufzeichnung seiner Verdienste, der
sogenannten *Tabula Siarensis*, als Absicht seiner Feldzüge nur

noch genannt, die Germanen vom Rhein abzudrängen, mithin Gallien zu schützen und die Niederlage des Varus zu rächen. Symbolisiert wurde dieses auf gleichzeitig herausgebrachten Münzen und in einem aufwendigen Statuenprogramm mit den wiedergewonnenen Feldzeichen, womit sich die neue Sprachregelung an jene Lösung anlehnte, mit der bereits Augustus die öffentlichen Erwartungen eines Sieges über die Parther gestillt hatte (Abb. 7). Damit nutzte Tiberius zwei Jahre nach dem Triumph die Feierlichkeiten zum Begräbnis des Germanicus, um seine defensivere Konzeption einer zukünftigen römischen Germanienpolitik auf offizielle Weise nachträglich zum gemeinsamen Ziel zu stilisieren.

8. Rom und Germanien bis zur Errichtung zweier germanischer Provinzen unter Domitian

Mit der Abberufung des Germanicus zogen sich die römischen Truppen im wesentlichen auf die Standorte am Rhein zurück. Doch gab Rom damit nicht jede Kontrolle über die Gebiete jenseits von Rhein und Donau auf. So sind im Norden die rechtsrheinischen Friesen zunächst noch Teil des *Imperium Romanum* geblieben. Im Jahre 28 n. Chr. hören wir von einem Primipilar – einem ranghohen Hauptmann des römischen Heeres – namens Olennius, der bei den Friesen die noch von Drusus festgesetzten Abgaben einforderte. Als der mit Verwaltungsaufgaben betraute Soldat die im Prinzip moderat angesetzten Naturalabgaben jedoch allzu rücksichtslos eintrieb, töteten die Friesen die römischen Soldaten in ihrem Land und schlugen Olennius in die Flucht. Nachdem ihnen, wohl zu ihrer eigenen Überraschung, sogar die Abwehr der vom Statthalter Niedergermaniens entsandten Kontingente gelungen war, ließ Tiberius alle weiteren Rückeroberungsversuche einstellen. Das friesische Gebiet war für Rom von keinem echten Interesse mehr.

Im weiteren Verlauf des Nieder- und Mittelrheins ist für das 1. Jahrhundert ein weitgehend fundleerer Streifen am rechten

Ufer festzustellen. Voraussetzungen für diesen als siedlungsfreie Zone zu deutenden Befund waren die Umsiedlungen der Ubier und Sugambrer, vor allem aber die regelmäßigen Überfälle des Germanicus auf die in dieses Gebiet nachgezogenen Gruppen. Die permanente Gefahr einer Verwüstung ihrer Häuser und Felder dürfte potentielle Siedler schließlich auf Distanz gehalten haben. Insoweit war Rom in dieser Phase doch eine Umkehrung der Kräfteverhältnisse am Rhein gelungen.

Das Ufer rechts des Rheins wurde von den römischen Soldaten als Übungsgelände und Viehweide genutzt. In der zweiten Hälfte des 1. Jahrhunderts wird dort sogar eine römische Ziegelei bekannt, und Bodenschätze, wie die Trachytsteine vom Drachenfels, wurden ebenfalls abgebaut. Den Status dieses Gebiets, aber auch Kommunikationsstruktur und diplomatischen Stil zwischen Römischem Reich und germanischen Stämmen illustriert ein Bericht des Tacitus zu dem Jahr 58 n. Chr.: Damals waren die Friesen mit ihrem gesamten Volk in den nördlichen Bereich dieses freien Uferstreifens gezogen und begannen mit der Bearbeitung des Bodens und der Errichtung von Häusern. Daß sie nicht schon gleich bei ihrer Ankunft von Militäreinheiten vertrieben worden sind, verdeutlicht, daß die Freihaltung dieser Zone kein militärisches Dogma war. Doch die zu Verhandlungen nach Rom gereisten Gesandten der Friesen konnten trotz ihres Hinweises auf die verschwenderisch freien Flächen von Kaiser Nero (54–68 n Chr.) kein Bleiberecht erwirken; erst nach ihrer Rückkehr lösten römische Einheiten die friesischen Ansiedlungsversuche auf.

Kurz darauf in diese Region eingerückten Ampsivariern, die sich sogar ausdrücklich der römischen Hoheit unterwerfen wollten, erging es ähnlich. Versuche, sich mit germanischen Verbündeten in diesem Raum zu behaupten, scheiterten am jetzt energischen Eingreifen Roms. Am Ende des 1. Jahrhunderts n. Chr. ist in diesem Gebiet dann ein Einsickern einzelner Siedler festzustellen. Sie suchten ausdrücklich die Nähe zum Römischen Reich und wollten durch kleine Geschäfte an dessen Reichtum teilhaben. Schlackenfunde im Bergischen Land belegen eine Erzförderung in geringem Ausmaß, hinzu kom men landwirtschaftliche Produkte, die diese Siedler in den linksrheinischen Städten und vor den dortigen Heerlagern angeboten haben werden. Hinter diesen Siedlern ist dann eine relativ fundleere Zone auszumachen, die im Grunde genommen erst das Römische Reich von den Germanen trennte.

Kaum anders waren die Verhältnisse weiter südlich. Im Bereich nördlich der Mainmündung hielt Rom Kontakte zu den vermutlich schon seit der Okkupationszeit freundschaftlich verbundenen Mattiakern. Am Oberrhein waren bereits unter Augustus mehrere suebische Gruppen sowohl links wie rechts des Stromes angesiedelt worden. Weitere Germanen zogen noch bis in die Mitte des Jahrhunderts nach. Die neuen Siedler standen von nun an in engstem Kontakt zum Römischen Reich. Auch hier markierte erst der relativ schwach besiedelte Schwarzwald in ihrem Rücken einen Übergang zu den Gebieten außerhalb der römischen Kontrolle.

Das Alpenvorland bis zur Donau erschlossen die Römer nach den Alpenfeldzügen nur allmählich. Erst Claudius (41–54 n. Chr.) brachte die neugewonnenen Gebiete mit Gründung der Provinzen *Raetia* und *Noricum* in eine reguläre Provinzialverwaltung. Während sich westlich des Lech nach Norden hin eine Kastellkette herausgebildet hatte, scheint die Situation weiter östlich in dieser Zeit weitgehend offen gewesen zu sein: Vermutlich ist dies mit der Aussage des Tacitus über die Rom treu ergebenen germanischen Hermunduren zu verbinden, die allerorten und ohne Aufsicht über die Grenzen kommen und selbst in der weit im Landesinneren liegenden Provinzhauptstadt Augsburg Handel treiben durften (Tac. *Germania* 41,1).

Abermals anders war die Situation noch weiter östlich, wo mit dem Reich des Maroboduus ein politisch starker Machtfaktor im unmittelbaren Vorfeld des Römischen Reiches existierte. Rom verlegte sich in diesem Fall auf politisch-diplomatische Einflußnahme zur Unterhöhlung der Stellung des Markomannenkönigs. Zunächst wurde Maroboduus die noch im Vertrauen auf das alte Bundesgenossenverhältnis erbetene Hilfe im Kampf gegen Arminius verwehrt. Als im Jahre 18 n. Chr. der Gotone Catualda mit einer starken Söldnertruppe ins Markomannengebiet einfiel, dort zahlreiche Adelige durch Versprechungen zum Anschluß bewegen und schließlich die Königsburg einnehmen konnte, verweigerte Rom dem zu ihm geflohenen König abermals jede Hilfe. Als Alternative bot ihm Tiberius freies Geleit zurück zu dem Gebiet, aus dem er geflohen war, oder aber ein ehrenvolles Exil. Derart wahllos fügte Maroboduus sich in sein Schicksal und erhielt Ravenna als Wohnsitz zugewiesen. Dort verbrachte er bis zu seinem Tod noch 18 Jahre. Der große Respekt vor seinem Gegner ist einer Rede des Tiberius vor dem Senat zu entnehmen, in der er betonte, *„nicht Philipp (von Makedonien) hätten die Athener, nicht Pyrrhos oder Antiochos das römische Volk in gleichem Maße zu fürchten brauchen"* wie eben jenen Maroboduus. Neben der unbändigen Kraft der von Maroboduus unterworfenen Völker sah Tiberius vor allem in der Nähe seines Reiches zu Italien eine besondere Gefahr (Tac. *annales* 2,63,3).

Der Sturz des Maroboduus leitete den Niedergang des Markomannenreiches ein. Noch innerhalb eines Jahres vertrieben Hermunduren unter der Führung des Vibilius den Catualda. Auch er ging ins römische Exil. Der umfangreichen Klientel des Maroboduus und des Catualda wurde Land nördlich der Donau, im Bereich der March, zur Siedlung angewiesen und der Quade Vannius wurde ihnen als König gegeben. Er und seine Nachfolger sollten Rom auch in Zukunft eng verbunden bleiben.

Insgesamt erweist sich so das Gebiet jenseits der Ströme Rhein und Donau als ein Vorfeld, das von Rom vielfach kontrolliert wurde. Teils bestanden sogar Kontakte, die man – wie bei den Friesen – als Reichsangehörigkeit klassifizieren kann, doch zu werten sind sie als Relikte aus der Okkupationszeit: Ein Machterhalt um jeden Preis kam hier für Rom nicht mehr in Frage.

Der außenpolitischen Pragmatik standen allerdings immer noch erhebliche Erwartungen der Öffentlichkeit in Rom gegenüber. Der stets aufs neue formulierte Anspruch auf Germanien läßt sich an zahlreichen Stellen noch bis zum Ende des Jahrhunderts in Lyrik, philosophischen Schriften und Geschichtswerken gut belegen, und im Prinzip war jeder neue Herrscher gefordert, hier eine eigene Antwort zu finden. So sah sich Tiberius massiver Kritik anläßlich der Abberufung des Germanicus ausgesetzt. Und abermals flammte der Vorwurf wieder auf, er sei nur eifersüchtig auf die Erfolge anderer Feldherrn, als Tiberius keinen Befehlshaber mehr gegen die aufständischen Friesen einschreiten ließ und so *„das Reich an seiner äußeren Grenze entehrt (wurde)"* (Tac. *annales* 4,74,1).

Erst seine Nachfolger Gaius (Caligula; 37–41 n. Chr.), der Sohn des Germanicus, sowie Claudius, der Sohn des Drusus, unternahmen wieder Feldzüge gegen die Germanen. Doch jener des Gaius ist in der Überlieferung völlig verzerrt, und unlösbar verbunden mit ihm ist die Niederschlagung einer Erhebung des obergermanischen Statthalters Cornelius Lentulus Gaetulicus. Ob Gaius die Eroberungspolitik seines Vaters wirklich wieder aufnehmen, oder aber ob er sich der Öffentlichkeit mit dieser lebhaft propagierten Vorstellung nur empfehlen wollte, kann kaum geklärt werden.

Bei Herrschaftsantritt des Claudius fanden wohl noch von Gaius geplante Aktionen im cheruskischen und chattischen Gebiet statt, und 50 n. Chr. stellten die Chatten nach Zurückschlagung eines größeren Raubzuges dem Römischen Reich sogar wieder Geiseln. Doch trotz abermals großer Erwartungen der Öffentlichkeit kehrte Claudius zu keiner Okkupationspolitik zurück: Als 47 n. Chr. eine chaukische Räuberschar die Küste Nordgalliens überfallen hatte und der ambitionierte Statthalter Niedergermaniens, Gnaeus Domitius Corbulo, die Bande nicht nur zurückschlug, sondern sofort ins rechtsrheinische Gebiet vordrang, die Friesen mit leichter Hand unterwarf und schon die bedingungslose Unterwerfung der Chauken forderte, rief Claudius ihn zum Rückzug auf. Er verbot weitere Annexionen und befahl Corbulo, Stützpunkte und Truppen auf die Rheinlinie zurückzuziehen.

In dieser ganzen Zeit lag aber im Prinzip das Gesetz des Handelns bei den Römern. Der große Aufstand der Bataver 69/70 n. Chr. deutete demgegenüber nach langer Zeit erstmals wieder an, daß die Germanen durchaus noch ein ernstzunehmendes Gefahrenpotential sein konnten. Die Bataver waren Rom seit ihrer Ansiedlung im Rheinmündungsgebiet stets treu verbunden. Sie stellten eine große Anzahl hochqualifizierter Hilfstruppen, die in den verschiedenen Reichtsteilen für Rom kämpften, zuletzt insbesondere bei der claudischen Eroberung Britanniens. Selbst die persönliche Leibwache der Kaiser des iulisch-claudischen Hauses, die sogenannten *corporis custodes*, wurde zum überwiegenden Teil aus Batavern rekrutiert. Der Status des Stammes war der eines besonders privilegierten Verbündeten. Sie hatten Rom keine Abgaben zu leisten, unterstützten das Reich dafür jedoch mit Truppen, die von einheimischen Adeligen kommandiert wurden.

Der Aufstand im Nordosten Galliens unter Führung des batavischen Adeligen und römischen Offiziers Iulius Civilis brach aus, während innerhalb des Reiches die Nachfolge des gestürzten Nero ausgekämpft wurde. Der neue Unruheherd kam dem in Ägypten zum Prinzeps ausgerufenen Vespasian, der die Legionen im Ostteil des Römischen Reiches hinter sich wußte, nicht ungelegen und wurde von ihm höchstwahrscheinlich auch unterstützt. Der Aufstand mußte einen Teil der Kräfte seines Konkurrenten Aulus Vitellius binden, der seinerseits von den nieder- und obergermanischen Legionen zum Prinzeps ausgerufen worden war und mittlerweile schon Italien und Rom im Sturm genommen hatte. Doch die Rechnung Vespasians ging nicht ganz auf. Zwar konnte Vitellius besiegt werden, doch die zuvor auf Vespasian vereidigten Truppen des Iulius Civilis, die in seinem Interesse die Lager der Rheinarmee von Xanten, Neuss, Krefeld und dazu die Stadt Köln eingenommen hatten, dachten nicht daran, die Waffen niederzulegen – oder wurden nun aus übergeordneten politischen Gründen vom neuen Herrscher Vespasian als Feinde angesehen.

Am Ende konnten allerdings die Aufständischen, die sich mit zahlreichen gallischen Gemeinden verbündet hatten, den wieder unter einem Herrscher vereinigten Kräften des Römischen Reiches nur wenig entgegensetzen. Unsere ausführlichste Quelle über diese Vorgänge, die *Historien* des Tacitus, bricht mitten in der Darstellung der Abwehrkämpfe der Truppen des

Civilis ab. Vieles spricht dafür, daß es zu einem Kompromiß-frieden kam, bei dem die Aufständischen ihren früheren Status bewahren konnten. Von den germanischen Stämmen hatten sich auf der Seite des Civilis neben den Batavern und Canane-faten auch die Friesen, Chauken, Brukterer und Tenkterer be-teiligt. Nach beinahe einem Jahrhundert politischer Trennung hatten sich somit die Germanen innerhalb und jene außerhalb des Reiches wieder zu gemeinsamem Handeln zusammenge-funden. Ob dies freilich mehr war als eine von Kriegsglück und Beute bestimmte vorübergehende Zweckgemeinschaft, ist – trotz mancher angedeuteten Befürchtung des Tacitus – eher zu bezweifeln.

Während am Niederrhein die zerstörten Lager wiederherge-stellt, die belasteten Truppeneinheiten getrennt und umgrup-piert wurden, setzten unter den Flaviern umfangreiche militäri-sche Aktivitäten nördlich des Mains und am Oberrhein ein. Eine unter Vespasian begonnene Stützpunktkette, die sich auf einer inneren Linie mitten durch die Wetterau zog, sicherte die-ses äußerst fruchtbare Gebiet definitiv dem römischen Herr-schaftsbereich. Am Oberrhein war vor allem die Verbindung zur Donau aufgrund des germanischen Landzipfels ein Pro-blem, der sich keilartig zwischen die Oberläufe der beiden Ströme schob. Bereits für die Zeit des Claudius zeichnet sich mit den Anlagen von Sasbach, Riegel und Hüfingen ein Weg durch den südlichen Schwarzwald ab. Vespasian ließ nun eine Straße von Straßburg durch das Kinzigtal nach Raetien befesti-gen, welche die Verbindung zwischen Rhein und Donau noch einmal erheblich abkürzte. Auf größeren militärischen Wider-stand scheint man dabei nicht gestoßen zu sein. Für das an die-ser Straße angelegte Rottweil war, wie der lateinische Name *Arae Flaviae* signalisiert, eine hervorgehobene Position in Süd-westdeutschland vorgesehen. Doch durch den weiteren Ausbau der römischen Gebiete rechts des Rheins lag *Arae Flaviae* bald nur noch am Rand der großen Verkehrslinien, so daß die Ent-wicklung des großartig geplanten Ortes rasch stagnierte.

Unter Domitian (81–96 n. Chr.) wurden die von Vespasian begonnenen Maßnahmen im Prinzip fortgesetzt. Vor allem die

Positionen in der Wetterau schob er durch einen Angriffskrieg gegen die Chatten weiter nach vorne. Die Details verlieren sich auch hier in einer lückenhaften und tendenziösen literarischen Überlieferung. Doch zwei Ereignisse sind eng mit diesen kriegerischen Auseinandersetzungen verbunden: zum einen die Einrichtung zweier neuer germanischer Provinzen, der *Germania Inferior* und der *Germania Superior*, zum anderen eine völlig überschwängliche Propaganda, mit der Domitian sich als Germaniensieger feiern ließ.

Die Einrichtung der Provinzen *Germania Inferior* und *Germania Superior* ist aufgrund epigraphischer Zeugnisse irgendwann zwischen September 82 und Oktober 90 n. Chr. zu datieren. Territorial handelte es sich im Kern um die beiden Bezirke des untergermanischen und obergermanischen Heeres, deren Verwaltung beinahe ein Jahrhundert in einem gänzlich unüblichen Provisorium geblieben war. Allein in der obergermanischen Provinz kam es mit der Einbindung der flavischen Neuerwerbungen rechts des Rheins zu einer gewissen territorialen Erweiterung.

Parallel dazu und schon in einer Frühphase des Chattenkrieges setzten die völlig überzogenen Ehrungen für Domitian ein. Er nahm den Siegerbeinamen „GERMANICVS" an und feierte noch vor Ende des Jahres 83 n. Chr. einen Triumph. Domitian erhielt das Recht, von 24 Liktoren begleitet zu werden und vor dem Senat im Triumphalgewand zu erscheinen; man designierte ihn für die folgenden zehn Amtsperioden zum Konsul, und der Beschluß, den September in „Germanicus" und den Oktober in „Domitianus" umzubenennen, geht vermutlich gleichfalls auf diese Zeit zurück – Änderungen der Monatsnamen, die sich im Gegensatz zu dem auf Gaius Iulius Caesar zurückgehenden „Juli" und dem auf den ersten Prinzeps zurückgehenden „August" nicht bis in unsere Gegenwart erhalten haben.

Eine reiche Münzprägung verkündete die Germaniensiege: Dominierende Motive waren die trauernde Germania auf zerbrochenem Speer; ein gefesseltes Germanenpaar bzw. ein entwaffneter Germane unter einem Siegesdenkmal; eine aufrecht schreitende Victoria, die ein Siegesschild mit „DE GER

Abb. 8: Sesterz des Domitian: „GERMANIA CAPTA"
(RIC II 252; vergrößert)

(MANIS)" beschreibt, schließlich der Herrscher selbst, wie er zu Pferde einen stürzenden germanischen Kämpfer niedersticht. Bemerkenswert sind die Münzbilder, weil dieselben Motive einige Jahre vorher dazu gedient hatten, den Sieg des Vespasian und seines ältesten Sohnes und Nachfolgers Titus über *Iudaea* zu feiern. Der auffälligste Unterschied war neben Attributen der Personifikation die neue Legende „GERMANIA CAPTA", („erobertes bzw. gefangengenommenes Germanien") die an Stelle von „IVDAEA CAPTA" trat (Abb. 8).

Hier scheint ein Schlüssel zum Verständnis der domitianischen Maßnahmen zu liegen. Mit der Provinzialisierung von *Iudaea* konnte die flavische Dynastie gleich zu Beginn ihrer Herrschaft einen wichtigen militärischen Erfolg anführen, dessen Propagierung die Leistungsfähigkeit des neuen Herrschergeschlechts beweisen sollte. In ähnlicher Weise versuchte jetzt Domitian, der als jüngerer Sohn in der damaligen Propaganda übergangen worden war, auch seine *virtus* unter Beweis zu stellen: Chattenfeldzug und persönliche Teilnahme daran, Errichtung der beiden Provinzen und Herrschaftspropaganda gehörten engstens zusammen. Dabei sollte die Münzlegende *capta* wie im Falle *Iudaea* auch für Germanien einen krönenden territorialen Zugewinn suggerieren.

Freilich hatte das Germanien, das von Domitian provinzialisiert wurde, wenig mit dem Germanienbegriff zu tun, der in der Okkupationszeit vorherrschte. Polemiken ließen auch nicht lange auf sich warten: Tacitus mokierte sich über einen falschen Triumph mit von Domitian gekauften Gefangenen; Plinius d. J. ätzte, daß sich das militärische Versagen am besten an der Tatsache des Feierns eines Triumphes ablesen ließe; und auch der mehr als ein Jahrhundert später schreibende Cassius Dio bestritt kriegerische Auseinandersetzungen in Germanien, solange Domitian sich dort aufgehalten habe – allenfalls seien rechtsrheinische Gebiete geplündert worden. In diesen Zusammenhang gehören auch die Anspielungen in der knapp zwei Jahre nach dem Tod Domitians veröffentlichten Taciteischen *Germania*: Über die Germanen sei mehr triumphiert worden, als daß man sie wirklich besiegt hätte; die Ausbuchtung des Reiches – das von Domitian gesicherte Gebiet zwischen Rhein und Donau – würde gar nicht zu Germanien zählen, sondern sei nur von allerlei hergelaufenem Volk bewohnt; Germanien als Ganzes, so bereits der erste Satz des Historikers, sei schließlich das Gebiet *jenseits* von Rhein und Donau. Während Tacitus im folgenden die von Rom im wesentlichen unbeeinflußt gebliebenen Bewohner und ihren Freiheitsdrang ausführlich charakterisiert, finden die beiden germanischen Provinzen mit keinem Wort Erwähnung.

Gleichwohl: Politisch waren sowohl die Verwaltungsreform wie die neue Grenzziehung den Erfordernissen angemessen und zukunftsweisend. Auf ihrer Grundlage konnten schon bald darauf die Truppen in Ober- und Untergermanien auf je zwei Legionen reduziert und an den jetzt stärker bedrohten Donauabschnitt verlegt werden. Und nicht zuletzt halfen die Provinzgründungen Domitians, daß sich die Kluft zwischen dem immer wieder erhobenen öffentlichen Anspruch auf Germanien und der weitaus nüchterneren politischen Wirklichkeit schloß.

9. Der Ausbau des Rhein- und Donaulimes

Ungeachtet des Endes ihrer bis dahin regelmäßigen Züge in das rechtsrheinische Gebiet blieben die römischen Truppen auch nach der Abberufung des Germanicus in den Militäranlagen am Rhein. Dort wirkten sie als Abschreckungspotential und zur Grenzkontrolle nach außen, nicht weniger jedoch als Ordnungsmacht nach innen. So mußten die in Niedergermanien stationierten Truppen noch im Jahre 21 n. Chr. eine von Treverern und Häduern angeführte Revolte niederschlagen, die sich gegen die Abgabenlast richtete. Insbesondere die für die Versorgung günstige Verkehrsanbindung über den Wasserweg dürfte dazu beigetragen haben, daß die Stationierungsorte am Rhein nicht mehr grundsätzlich in Frage gestellt wurden.

Größere Truppenstandorte befanden sich im niedergermanischen Heeresbezirk in Nijmegen, Xanten, Neuss, Köln und Bonn, im obergermanischen Heeresbezirk in Mainz, Straßburg und Vindonissa. Eine parallel zum Rhein laufende Militärstraße verband die Anlagen untereinander. Dazwischen erstreckte sich noch eine nach und nach dichter werdende Kette kleinerer Kastelle, in denen Legionsdetachments oder Hilfstruppeneinheiten lagen.

Ab der Mitte des 1. Jahrhunderts wurden die in Holz-Erde-Technik errichteten Umwehrungen und Innenbauten der Legionslager und Kastelle durch Steinbauten ersetzt. Ihr Aufbau folgte einem zunehmend standardisierten Schema. Das gut dokumentierte Legionslager von Neuss bietet dafür mit seinem rechteckigen Grundriß in „Spielkartenform" und der funktionalen, zugleich weitgehend symmetrischen Innenbebauung ein eindrucksvolles Beispiel (Abb. 9).

Ganz andere Bedingungen waren durch das rechtsrheinische Vordringen Vespasians und Domitians im Bereich des Mittel- und Oberrheins entstanden. Hier gab es keinen Fluß mehr, der das unmittelbar römisch beherrschte Gebiet hätte markieren oder als relativ leicht zu kontrollierendes Annäherungshindernis hätte dienen können. Von Domitian hören wir, daß er bei

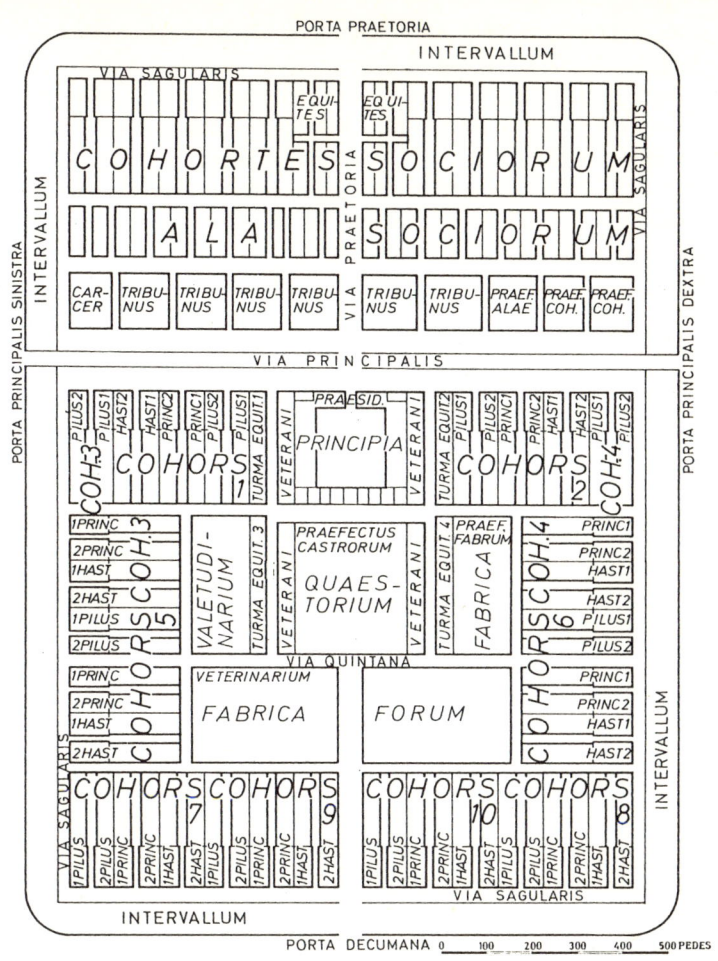

Abb. 9: Das Römerlager Neuss

71

seinem Feldzug gegen die Chatten deren Rückzugsgebiete in den dichten Wäldern durch Schneisen (*limites*) und die Anlage von Kastellen öffnete. Diese Art einer *engineering campaign*, einer vor allem von Bau- und Erschließungsmaßnahmen bestimmten Militäroperation, scheint von Trajan – in vielleicht noch systematischerer Weise – fortgesetzt worden zu sein, und es entstand schließlich rund um die von Rom beanspruchten Gebiete ein System von Sichtschneisen und dahinter liegenden Kastellen, die durch Postenwege und Holztürme miteinander verbunden waren. Aus diesem Kontrollsystem sollte sich schließlich eine von Rheinbrohl über Taunus, Wetterau, Main, Odenwald, Neckar und Schwäbische Alb bis Eining an der Donau reichende und auch baulich immer stärker verfestigende äußere Grenze des Reiches herausbilden, für die der Name *Limes* üblich geworden ist.

Vier Phasen einer baulichen Entwicklung lassen sich feststellen. Nach dem System der Sichtschneisen mit Postenweg und Wachtürmen vom Ende des 1. bzw. Anfang des 2. Jahrhunderts wurde in hadrianischer Zeit (117–138 n. Chr.) an der äußeren Linie eine durchgehende Palisade errichtet. Mitte des 2. Jahrhunderts wurden die Holztürme durch Steintürme ersetzt. Anfang des 3. Jahrhunderts erfolgte die letzte Verstärkung: Hinter der Palisade wurde mit einem 6 bis 8 Meter breiten und rund 2 Meter tiefen Graben eine weitere Sicherung eingezogen, wobei der Aushub zur zusätzlichen Errichtung eines Walls verwendet wurde. Im südlichen raetischen Abschnitt ersetzte hingegen eine im Durchschnitt 1,20 Meter breite und 2–3 Meter hohe Steinmauer die bisherige Palisade, wobei die Türme in die Steinmauer eingebunden waren. Die unterschiedliche Bauweise in der obergermanischen und raetischen Provinz zeigt, daß offensichtlich die jeweiligen Provinzstatthalter über die konkrete Ausführung des Limes-Aufbaus entscheiden konnten. Am Westhang des Rotenbachtals, der Grenze zwischen den beiden Provinzen, stoßen beide Bauweisen unmittelbar aneinander.

Das System einer äußeren baulichen Grenze eignete sich auch, um diese bei Bedarf Stück für Stück weiter vorzuschieben (Abb. 10a und b). Unter Antoninus Pius (138–161 n. Chr.)

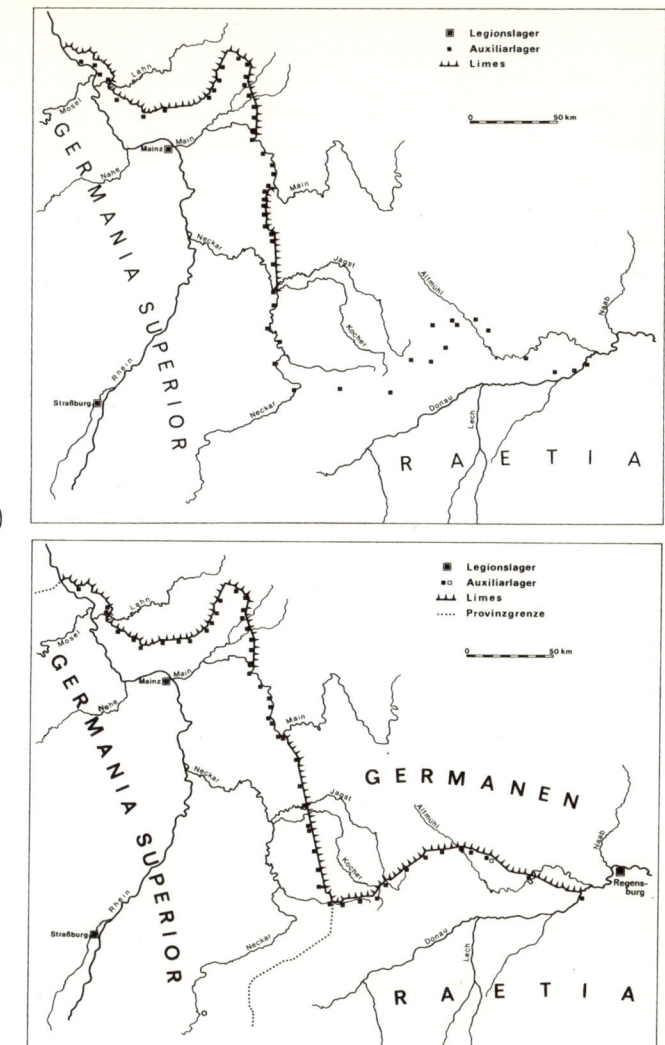

Abb. 10 a: Der obergermanische Limes Ende des 1./Anfang des
2. Jahrhunderts
Abb. 10 b: Der obergermanische Limes in seiner letzten Ausbauphase

wurde der Odenwald-Neckar-Limes noch einmal rund 30 Kilometer nach Osten vorverlegt. Hier zog er jetzt als sogenannter *Vorderer obergermanisch-raetischer Limes* eine beinahe schnurgerade Linie von Miltenberg bis Lorch im Remstal, wo er den Anschluß an den parallel dazu nach Norden vorgeschobenen Raetischen Limes fand.

Damit war eine durchgehende bauliche Befestigung von rund 550 Kilometern Länge geschaffen worden, mit mindestens 900 Wachtürmen, zahlreichen kleineren Militäranlagen und rund 60 größeren Kastellen. Die Wachtürme standen je nach Geländebeschaffenheit in einem Abstand von 200 bis 1 000 Metern. In ihnen versah eine vier- bis fünfköpfige Mannschaft ihren Dienst, die durch optische oder akustische Signale mit den benachbarten Wachtürmen und Kastellen in Kontakt stand.

Auch wenn es auf den ersten Blick so scheint, war der Limes doch kein Verteidigungsbollwerk, welches das Römische Reich an einer Außengrenze festungsartig schützte. Um auch nur einen etwas konzentrierteren Angriff abhalten zu können, waren nicht nur die eigentlichen Verteidigungsanlagen wie Palisade, Graben und Wall zu wenig widerstandsfähig, sondern die Truppen selbst waren angesichts der Länge dieser Grenze viel zu weit auseinandergezogen und damit im Prinzip geschwächt.

Die Funktion des Limes war vielmehr die eines Grenzkontroll- und Überwachungssystems, an dem der Verkehr von Personen und Waren erfaßt und reguliert werden konnte. Weiterhin war er geeignet, kleinere Überfälle räuberischer Gruppen, die auf diese Art und Weise Ihren Anteil am Wohlstand des Römischen Reiches erwerben wollten, zumindest deutlich zu erschweren: Nicht gegen den Einfall der Marodeure, aber gegen den beutebeladenen Rückweg – zumal wenn sie Vieh mit sich führten – boten Wall, Graben und Palisade einen durchaus effektiven Schutz (Abb. 11). Die wechselseitige Stationierung von Reitereinheiten oder Fußsoldaten in den hinter der Grenze liegenden Kastellen scheint dabei auf die topographischen Bedingungen und das jeweilige Gefahrenpotential abgestimmt gewesen zu sein. Mehrheitlich ist jedoch zumindest für die ersten

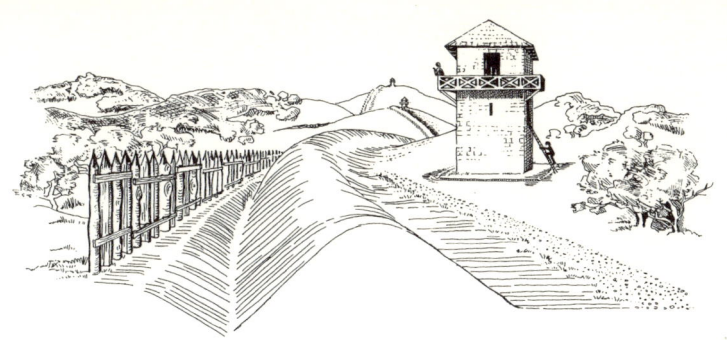

Abb. 11: Rekonstruktion des obergermanischen Limes
in seiner letzten Ausbauphase

beiden Jahrhunderte von eher friedlichen Beziehungen zwischen dem Römischen Reich und der Bevölkerung vor dem Limes auszugehen: Auch das sich vor dem Obergermanisch-raetischen Limes erstreckende Land wurde von den Römern oft noch wirtschaftlich genutzt, und zum Kastell Marköbel wurde von dort aus gar eine rund zwei Kilometer lange Wasserleitung geführt.

Heute wird das Wort Limes auf die gesamte Grenzzone und das dort aufgebaute Kontrollsystem angewendet. Entsprechend spricht man auch vom „Niedergermanischen Limes" oder auch vom „Donaulimes". Dabei waren im österreichischen Donauabschnitt die militärische Präsenz und bauliche Verdichtung deutlich geringer als am Rhein. In systematischerer Form setzten sie erst in flavischer Zeit ein, mithin etwa auch im Vergleich zum benachbarten Raetien merklich verzögert. Zu diesem Bild eines eher weniger gefährdeten Abschnitts paßt, daß Rom die gesamte Grenze zwischen Straßburg und Wien bis weit in die zweite Hälfte des 2. Jahrhunderts ausschließlich durch Hilfstruppen kontrollierte. Die nächsten Legionsstandorte befanden sich erst wieder im östlichen Pannonien, ab tiberischer Zeit in *Carnuntum* bei Bad Deutsch-Altenburg, wohl ab der Zeit Trajans (98–117 n. Chr.) mit *Vindobona* auch in Wien. In die Provinzen Raetien und Noricum wurde erst während der Markomannenkriege je eine Legion verlegt, die neugegründete *Legio II Italica* nach *Lauriacum* (Lorch) an der Ennsmündung, die ebenfalls neu ausgehobene *Legio III Italica* nach *Castra Regina* (Regensburg).

Immer noch unklar ist die Bedeutung einiger sogenannter „Stationen", die im Bereich von March und Waag unter anderem bei Stillfried, Niederleis, Oberleiserberg, Mušov, Stupava und Milanovce bis zu 50 Kilometer nördlich der Donau archäologisch festgestellt werden konnten. Die eher schwach ummauerten, zum Teil mit Hypokausten (Fußbodenheizungen) und Bädern ausgestatteten und so auf römische Lebensgewohnheiten verweisenden mehrräumigen Anlagen befinden sich in der Regel inmitten größerer einheimischer Siedlungen. Die Datierung reicht im Einzelfall vielleicht bis in trajanische Zeit zurück, einen Schwerpunkt in der Belegung bildet den archäologischen Funden nach auf jeden Fall die zweite Hälfte des 2. Jahrhunderts. Möglich ist, daß die Anlagen als römische Wach- und Kontrollstationen dienten, daß es Handelsstationen waren oder vielleicht sogar mit römischer Hilfe gebaute repräsentative Unterkünfte für befreundete germanische Fürsten.

10. Das Leben in den beiden germanischen Provinzen

Die dauerhafte Stationierung umfangreicher römischer Truppenverbände leitete für das linksrheinische Gebiet eine grundlegende Umgestaltung von Wirtschaft und Gesellschaft ein. Zusammengenommen leisteten annähernd 50 000 Soldaten in den acht Legionen der beiden germanischen Heeresbezirke ihren Dienst, hinzu kam fast noch einmal dieselbe Anzahl von Angehörigen der Hilfstruppen. Die Soldaten der Legionen, die bei ihrer Aushebung das römische Bürgerrecht besitzen mußten, stammten zumeist aus Italien, Spanien und Südgallien, die Angehörigen der Hilfstruppen, die sich das Bürgerrecht erst durch einen 25jährigen Militärdienst erwarben, stammten aus den weniger romanisierten Gebieten der iberischen Halbinsel, zahlreich aus jenen Teilen Galliens, die erst von Caesar erobert worden waren, dazu aus Raetien, Dalmatien, Thrakien, dem Orient und vereinzelt auch Nordafrika.

Für die Versorgung der Truppen mit Getreide und Öl, Kleidung und Ausrüstung sorgte prinzipiell der römische Staat. Doch die Soldaten brachten aus ihrer Heimat unterschiedlichste Lebens- und Ernährungsgewohnheiten mit, die durch diese Grundfürsorge nicht abgedeckt werden konnten, und ebenso dankbar waren sie für abwechslungsreiche Zukost, die die eintönige Lagerverpflegung ergänzte. Die zur Befriedigung dieser Bedürfnisse erforderliche Kaufkraft fehlte den Soldaten nicht. Der Jahressold eines einfachen Legionärs betrug in augusteischer Zeit 225 Denare. Für ein As, den sechzehnten Teil eines Denars, konnte man etwa ein Brot oder einen Becher Wein kaufen. Die Entlohnung der Soldaten war überhaupt der größte Ausgabenposten des Römischen Reiches. Annähernd zwei Drittel aller Staatsausgaben wurden in der Kaiserzeit zu diesem Zweck verwendet. Die Mehrheit des Geldes, das im Römischen Reich vorhanden war, kam erst über die Soldzahlungen in den Umlauf.

Die Stationierungsorte der Truppen lagen in einem gallisch-germanischen Umfeld. Das linke Niederrheingebiet war von den über den Rhein gekommenen Batavern, Cananefaten, Ubiern und Sugambrern besiedelt, doch auch die Bevölkerung des Oberrheins war bereits vor der Erweiterung des Limes nach Osten durch eingewanderte suebische Gruppen überwiegend germanisch. Das Territorium, auf dem die Zivilisten siedelten, unterstand vermutlich bis zur Einrichtung der beiden germanischen Provinzen dem Militär, so daß wir hier eine eigenartige Form des zivilen-militärischen Zusammenlebens und der grundsätzlichen militärischen Dominanz vor uns haben.

Die Stationierung der Soldaten öffnete den Altsiedlern und den Hinzugezogenen gänzlich neue wirtschaftliche Perspektiven. In der Regel waren sie Bauern und bewirtschafteten ihre Felder. Ein Teil ihrer Erträge dürfte der römische Staat als Steuer direkt in Naturalien erhoben haben, um sie dann zur

Versorgung der Truppen zu verwenden. Konnten die Siedler darüber hinaus weitere Erträge erzielen, so bestand die Möglichkeit, ihre Produkte vor den benachbarten Heerlagern zu verkaufen. Für die Ackerbauern war solch ein Geschäft überhaupt erst ein Weg, um ihrerseits zu Geld zu kommen, das die vielen anderen Möglichkeiten des Austausches öffnete.

Hohe Kaufkraft und ebenso hohe Bedürfnisse der Soldaten veranlaßten weiterhin, daß sich bald immer mehr Handwerker, Händler, Gastwirte und andere Gewerbetreibende in der Nähe der Truppenstandorte niederließen oder ihre Geschäftsverbindungen bis dorthin ausweiteten. Aus dem inneren Gallien setzte eine Binnenwanderung zum Rhein ein, und ganze Produktionsorte wurden zu den Abnehmern verlagert, um aufwendige Transporte zu ersparen. Angetrieben von den weit überdurchschnittlichen wirtschaftlichen Möglichkeiten, vielleicht auch dem besonderen „Flair" der geradezu multikulturellen Bevölkerung, wurde das Rheingebiet zu einer Zone besonderer wirtschaftlicher und gesellschaftlicher Dynamik.

Um die Militärlager und Kastelle herum entstanden rasch die sogenannten *canabae*, ungeordnete Baracken, in denen sich all jene niederließen, die mit den Soldaten Geschäfte machen wollten. Die *canabae* konnten sich zu *vici* entwickeln, zu schon dorfähnlichen Siedlungen. Ein *vicus* bestand entweder aus Streifenhäuser, die in lockerem Abstand entlang einer Ausfallstraße oder um das Lager herum angeordnet waren, oder es war vielleicht sogar schon eine ummauerte stadtähnliche Siedlung. In den *canabae* und *vici* betrieben Kaufleute, Händler, Handwerker und Gastwirte ihre Geschäfte; zugereiste Frauen und Mädchen sorgten für Abwechselung, Unterhaltung und Freundschaften, einige boten auch ihre Dienste an. Manche der Soldaten hatten sich bereits während ihrer Militärzeit in eheähnlichen Beziehungen gebunden; in den *canabae* oder *vici* waren ihnen ihre Frauen und eventuelle Kinder gleichfalls nahe. Im Normalfall durften die Soldaten damit rechnen, längerfristig an einem Ort stationiert zu sein. Die meisten von ihnen blieben auch nach ihrer Entlassung in der Provinz, um Verbindungen zu Freunden und Kameraden nicht abreißen zu lassen.

Die zivilen Siedlungen konnten nach italischem Vorbild in den Rang eines *municipium* oder einer *colonia* erhoben werden. Die Kolonien besaßen das volle Stadtrecht der Stadt Rom, d.h. die Bürger einer Kolonie besaßen auch das römische Bürgerrecht. Die *municipia* waren demgegenüber nachgeordnet, wenngleich sie sich nach innen gleichfalls autonom verwalteten. Ihre Bürger besaßen mit dem *Latinischen Recht* eine Art Halbbürgerrecht.

Im Namen deutlich erkennbar ist der Rang als Kolonie noch bei der heutigen Stadt „Köln" (*Colonia*). Die Stadt wurde im Jahre 50 n. Chr., als erste im germanischen Gebiete überhaupt, vom vormaligen *Oppidum Ubiorum*, dem Zentralort der Ubier, zu einer Kolonie erhoben. Zu verdanken hatte sie dieses Agrippina, der Tochter des Germanicus, die zur Zeit der Feldzüge ihres Vaters in Köln geboren worden war. Nachdem sie den Herrscher Claudius geheiratet hatte, bewirkte sie, daß er entlassene Legionssoldaten offiziell in ihrem Geburtsort ansiedelte und die Stadt zur somit „neugegründeten" Kolonie *Colonia Claudia Ara Agrippinensis* umgewidmet wurde.

Zur Gründung einer Kolonie, einem religiösen Rechtsakt, zählte die Neuvermessung und Unterteilung des für die Besiedlung bestimmten Gebietes. Die Kölner Kolonie durchzog im Inneren ein streng rechtwinkeliges Straßengitter, das die 96 Hektar große Fläche in einzelne Wohnblöcke (*insulae*) untergliederte (Abb. 12). Umgeben wurde sie von einer noch heute an vielen Stellen sichtbaren Außenmauer, die 2,4 Meter breit und vielleicht 10 Meter hoch war, dazu durch 19 Stadttürme verstärkt und durch einen vorgelagerten Graben zusätzlich geschützt wurde.

Nach Osten bot eine vorgelagerte kleine Sandinsel ideale Möglichkeiten zur Anlage eines Hafens, nach Norden, Süden und Westen öffneten sich Stadttore zu den großen Fernverkehrsstraßen. An den Ausfallstraßen siedelten sich Gewerbe an – insbesondere Töpfereien und Gerbereien, die wegen der Brandgefahren bzw. Geruchsbelästigungen besser nicht innerhalb der Stadtmauern untergebracht wurden –, und da Bestattungen in den römischen Städten aus gesundheitlichen Gründen

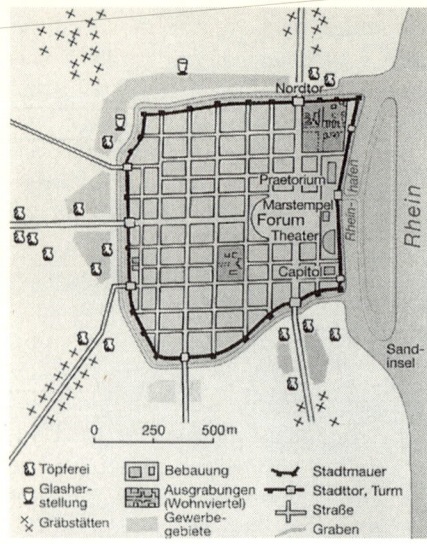

Abb. 12: Stadtplan des römischen Köln

den generell verboten waren, lagen an den Ausfallstraßen für alle Reisenden gut sichtbar die Gräber der Verstorbenen.

Im Zentrum der Stadt befanden sich das Forum und weitere öffentliche Bauten wie Theater und Kapitol, Marstempel und *Praetorium*, der Sitz des Statthalters. Rund 20000 Einwohner lebten im antiken Köln. Heute befindet sich im Bereich des Nordtores der Kölner Dom, die von dort nach Süden führende Achse vorbei an den Zentralbauten ist unverändert erhalten, als *Hohe Straße* ist es eine nach wie vor belebte Einkaufsstraße. Gleichwohl macht die direkte Überbauung der römischen Kolonie in Mittelalter und Neuzeit die Situation in Köln für die Archäologen besonders problematisch. So konnte auch die Innenbebauung der *Colonia Claudia Ara Agrippinensis* bislang erst an wenigen Stellen genauer erforscht werden.

Günstiger ist diesbezüglich die Situation in der zweiten römischen Kolonie Niedergermaniens, in der *Colonia Ulpia Traiana* bei Xanten. Sie wurde um 100 n. Chr. von dem römischen Kaiser Trajan gegründet. Das mittelalterliche Xanten –

hier zeigt sich auch keine Namenskontinuität – wurde südlich von der römischen Kolonie errichtet, im Bereich der ehemaligen Gräberfelder. Das nicht überbaute Gelände der rund 73 Hektar großen Kolonie ist heute zu einem archäologischen Park umgestaltet worden, der mit zahlreichen Teilrekonstruktionen einen lebhaften Einblick in Größe und Leben einer römischen Stadt im Grenzgebiet gibt.

Neben Marktplatz und Verwaltungsgebäuden verfügten Kolonien und Munizipien über große Bade- und Freizeitanlagen, die *Thermen*, über Theater für künstlerische Aufführungen und Amphitheater für Tierhetzen und Gladiatorenkämpfe, zum Teil auch über einen *Zirkus*, eine riesige Rennbahn für Wagenrennen. Die Wohnhäuser waren in der Regel mehrgeschossig in Fachwerk oder Steinbauweise errichtet, Abwasserkanäle garantierten bei den beengten Wohnverhältnissen eine gewisse Hygiene. Von besonderer Bedeutung war die Zufuhr von Frischwasser. Da Brunnen und Zisternen zur Versorgung der Bevölkerung und insbesondere zum Betrieb der Thermen nicht ausreichten, führten aufwendig konstruierte Aquaedukte Wasser heran: Die Versorgung Kölns wurde durch ein knapp 100 Kilometer langes Aquaedukt sichergestellt, womit Wasser aus der Eifel hergeleitet wurde. Die noch heute an vielen Stellen sichtbare Wasserleitung zählt zu den besonders aufwendigen technischen Konstruktionen des Römischen Reiches.

Kolonien und Munizipien verwalteten sich selbst. An der Spitze standen zwei gewählte Männer, die *duumviri*; hinzu kamen ebenfalls kollegial besetzte Magistrate für Finanzen, Rechtswesen, Polizeiaufsicht und anderes mehr. Die Struktur der Verwaltung war weitgehend jener der Stadt Rom nachempfunden. In Analogie zum römischen Senat gab es auch einen Stadtrat, in dem die *decuriones* saßen. Die Wahl zum Stadtrat erforderte ein bestimmtes Mindestvermögen, im Gegenzug wurde von den Dekurionen erwartet, daß sie durch Stiftungen zum Wohl der Stadt beitrugen. Es war üblich, daß öffentliche Bauten, Spiele und Feste durch die reichen Bürger der Stadt finanziert wurden, die ihr Vermögen freiwillig einsetzten, um ihr gesellschaftliches Ansehen und ihren Ruhm zu stärken. Allerdings hafteten die Dekurionen auch gegenüber der Zentralmacht für die Steuerlast ihrer Gemeinde. Als Rom im Laufe des krisenreichen 3. Jahrhunderts die Abgaben immer rigoroser eintrieb und dazu immer regelmäßiger auf die Dekurionen zurückgriff, versuchten sich die reichen Bürger zunehmend dem Dekurionat zu entziehen. Jetzt war das Amt mehr Bürde als Ehre geworden.

Köln war zusätzlich der Sitz des Statthalters der *Germania Inferior*, Mainz jener des Statthalters der *Germania Superior*. Den Status einer Kolonie konnte Mainz trotz dieser zentralörtlichen Funktion für sich nie erreichen. Dagegen wurde die zentral gelegene Stadt Trier in der benachbarten Provinz *Belgica* am Ende des 3. Jahrhunderts von Konstantius I. zur Kaiserresidenz im Westen des Römischen Reiches bestimmt. Sie erlebte nun einen wirtschaftlichen und architektonischen Aufschwung, der Trier im 4. Jahrhundert zu einer der blühendsten Städte der antiken Welt überhaupt machte.

Die ländlichen Gebiete der beiden germanischen Provinzen wurden zu *civitates* zusammengefaßt, zu territorial umschreibbaren Verwaltungseinheiten mit einem jeweiligen Hauptort. Gerade die übergesiedelten germanischen Stämme am Nieder- und Oberrhein finden sich dann, wie die *civitas* der Ubier, jene der Cugerner sowie der verschiedenen suebischen Gruppen in Südwestdeutschland, als *civitates* organisiert, die der Stammesstruktur noch am ehesten entsprachen.

Im Hinterland der Siedlungszentren lagen die *villae rusticae*, große Gutshöfe, die in ihrer Anlage und Ausstattung viele italische Elemente übernahmen (Abb. 13). Hier wurden die Nahrungsmittel produziert, die für die Versorgung der Heerlager und der Städte zwingend erforderlich waren.

Im Regelfall bestand eine *villa rustica* aus einem großen und oft komfortablen Herrenhaus, das mit Badeanlage und Heizung, mit Säulen, Statuen und Mosaiken, mit bemalten Wänden und Decken und vielem mehr – je nach Reichtum des Besitzers – ausgestattet war. Das zentral stehende, repräsentative Herrenhaus war meist zweigeschossig, in Steinbau errichtet und mit Ziegeln gedeckt. Außerhalb des Herrenhauses standen

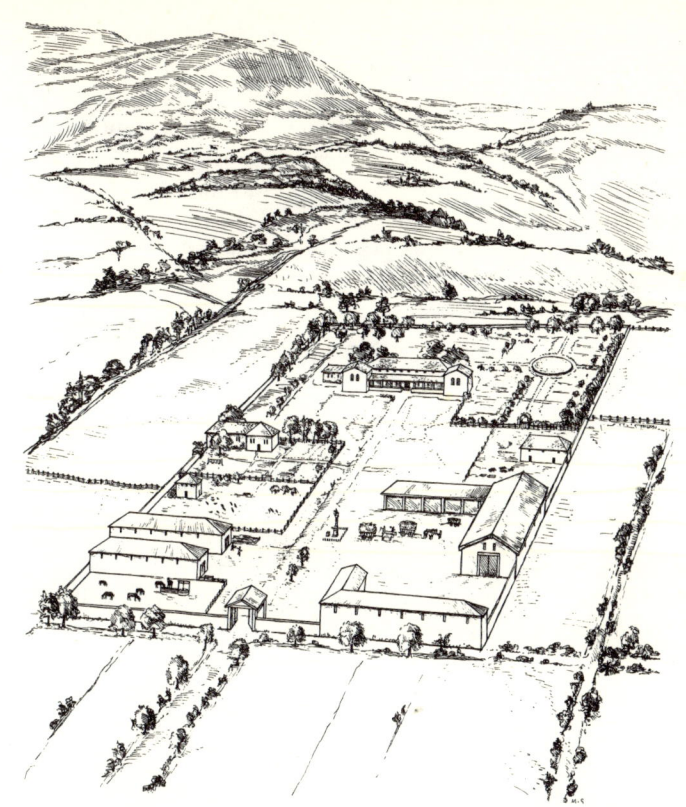

Abb. 13: Rekonstruktion eines römischen Gutshofs

in einem umzäunten oder ummauerten großzügigen Bezirk noch weitere Wohngebäude für das Gesinde sowie Wirtschaftsgebäude – d. h. Ställe, Speicher und Handwerkerstuben –, dazu gab es auch noch ein mehr oder weniger großes Heiligtum bzw. einen Tempel. Zumeist waren die Herren einer *villa rustica* zugleich Dekurionen einer benachbarten Stadt. Den für die Ausübung dieses Ehrenamtes erforderlichen Reichtum erwirtschafteten sie auf dem Lande.

Getreide- und Obstanbau sowie Viehzucht bestimmten die Produktion der *villae rusticae*. Kleinere handwerkliche Tätig-

keiten – mit denen das Gesinde etwa auch außerhalb der Saat-
und Erntezeiten nutzvoll beschäftigt wurde – konnten sich zu
eigenen Produktionsbereichen entwickeln. Einige Veränderungen in der Landwirtschaft lassen sich unmittelbar mit der Ankunft der Römer verbinden: Neben verstärktem Anbau von
Weizen wurde insbesondere die Gartenkultur intensiviert,
wenn nicht überhaupt erst planmäßig betrieben. Eingeführt
wurden verbesserte Apfel- und Birnensorten, Edelkirschen und
Pfirsiche, dazu sind eine Vielzahl neuer Gemüse-, Salat- und
Gewürzpflanzen aufgekommen. Bei Rindern und Pferden zeigen sich Züchtungserfolge hin zu größeren und kräftigeren
Tieren, Hauskatzen und kleine Hunderassen sind jetzt erstmals
feststellbar.

Produzierten die *villae rusticae* in großem Stil, so gab es auch
noch kleinere Bauernsiedlungen und verstreute Höfe. Sie konnten über die eigene Versorgung hinaus kaum nennenswerte
Überschüsse erzielen. Zumeist sind sie überhaupt nur in den
nördlichen Teilen der *Germania Inferior* zu finden. Das von
den Archäologen geborgene materielle Gut dieser Siedlungen
und Höfe zeigt, daß sie bis ins 3. Jahrhundert nur sehr einge-
schränkten Anteil an der Romanisierung hatten. Ein Gegenbild
dazu sind wiederum die *villae rusticae* des 4. Jahrhunderts im
Umland von Trier. Sie strotzten vor einem geradezu übertrie-
benen Luxus, mit großen Badeanlagen und aufwendigen Mosaiken, mit Marmor und überreichem Inventar. Im Bereich der
neuen Kaiserresidenz hatten sie sich zu Palastvillen hoher Militärs und Höflinge entwickelt.

Städte, Dörfer und landwirtschaftliche Güter waren von
römischen Ingenieuren genau vermessen worden. Schon für die
Einhebung der Bodensteuer waren die jeweiligen Grenzen
präzise abzustecken und aufzuzeichnen. Ein dichtes Straßen-
netz erlaubte eine rasche Kommunikation, Reisen von Menschen und den Transport von Waren. Auch hier taten sich die
römischen Soldaten zum Nutzen aller Einwohner hervor. Von
ihnen wurden die aufwendig konstruierten Straßen nicht nur
gebaut, sondern an Straßenstationen sorgten sie auch für die
allgemeine Sicherheit. Straßen und Straßenstationen bildeten

zugleich das Rückgrat eines höchst effizienten kaiserlichen Post- und Nachrichtensystems, des *cursus publicus*.

Die Trennung von Stadt und Land, von Soldaten und Zivilisten verdrängte die Wirtschaftsform der kleinen autarken Gemeinschaften durch eine reich differenzierte Arbeitsteilung in der gesamten Gesellschaft: Töpfereien und Ziegeleien, Kalkbrennereien und Tischlereien, Leder- und Tuchverarbeitung wurden sowohl von den Soldaten wie von zivilen Handwerkern und Unternehmern betrieben. In Köln gab es eine Bernstein- und eine noch berühmtere Glasverarbeitung. Letztere profitierte von den benachbarten Lagerstätten feinsten Quarzsandes und exportierte ihre Erzeugnisse in alle Reichsteile. Hinzu kamen spezialisierte Maurer und Zimmermänner, Steinmetze, Schmiede und Feinschmiede, Werkzeugmacher und Seiler, Händler und Transporteure, Müller und Bäcker, Fischer und Fleischer, Köche und Gastwirte, Parfümhersteller und Friseure, Lehrer und Ärzte und andere mehr. Oft organisierten sich die Gewerbetreibenden in Berufsgruppen (*collegia*) – nicht in Form mittelalterlicher Zünfte als abgeschlossene Berufsgenossenschaften, doch zur gemeinsamen Ausübung des Kults und zum Feiern gemeinsamer Feste. Ein wichtiger Bestandteil der *collegia* war die Führung einer Sterbekasse, um verstorbenen Mitgliedern ein standesgemäßes Begräbnis zu ermöglichen.

Der von den verschiedenen Gruppen erworbene Wohlstand und das Niveau ihrer Bildung und Ausbildung ist heute an den zahlreichen von ihnen hinterlassenen Zeugnissen, in Gemälden, Plastiken, Mosaiken, Stein- und Metallarbeiten und anderem ablesbar, vor allem aber an der Fülle der Grabmäler und Grabinschriften. Sie geben den Tätigkeitsbereich der Verstorbenen oft stolz an und illustrieren ihn in der teils aufwendigen Gestaltung. Die *Igeler Säule* bei Trier, das 23 Meter hohe Grabmal einer im Tuchhandel tätigen Familie, ist mit ihren reichen Reliefs, die Szenen aus dem umfangreichen Geschäftsleben zeigen, sicherlich das eindrucksvollste Zeugnis für Gewerbefleiß und Gewerbestolz.

Wie im gesamten Römischen Reich gliederte sich auch die Gesellschaft der beiden germanischen Provinzen in die Rechtsgruppen der Römer, Latiner und Peregrinen – das sind die „Fremden" auf römischem Gebiet –, schließlich der Freigelassenen und der Sklaven. Für alle Gruppen bestanden vielfache Aufstiegsmöglichkeiten; durch Fleiß oder auch durch Wohlverhalten an geeigneter Stelle konnte man seinen persönlichen Status verbessern. Sklaven erhielten bei ihrer weit verbreiteten Freilassung den Bürgerrechtsstatus ihres Herrn; als Freigelassene traten sie überall als eine wirtschaftlich besonders dynamische Schicht hervor. Peregrine gelangten über eine Dienstzeit in den Hilfstruppen zum römischen Bürgerrecht, das dann an Ehefrau und Kinder weitergegeben werden konnte. Mit dem römischen Bürgerrecht waren gewisse Privilegien, unter anderem in Rechtsprechung und bei der Zahlung von Steuern verbunden. Der Prozeß der insgesamt eher großzügigen Vergabe des römischen Bürgerrechts wurde 212 n. Chr. durch Kaiser Caracalla mit der sogenannten *Constitutio Antoniniana* konsequent zu Ende geführt, mit der alle freien Bewohner des Römischen Reiches das römische Bürgerrecht erhielten.

Wichtig für das Zusammenleben der verschiedenen Bevölkerungsschichten wurde das rasche Vordringen der lateinischen Sprache, die schon bald die einheimischen Sprachen verdrängte. Mit dem Latein wurde auch die Fähigkeit zu schreiben, weit verbreitet. Einzug erhielt des weiteren die römische Art, sich zu ernähren: Öl, Wein, die beliebte Fischsoße (*garum*), Datteln, Feigen, Oliven, Pfeffer, Delikatessen wie Austern und anderes wurden nun aus den verschiedenen Teilen des Reiches regelmäßig eingeführt. Die römische Tunica trug man jetzt auch im Norden, und ebenso folgte das Wohnen vielfach italischem Standard: Vermörtelte Steinbauweise verdrängte das Fachwerk, die Gebäude selbst wurden mit Fußbodenheizungen, Mosaiken, Gemälden und Statuen reich ausgestattet.

Schließlich erfuhr auch das Alltagsleben vielfache Wandlungen: Mit den Thermen hielt die römische Art des Badens, der Körperpflege und der Freizeitgestaltung Einzug. Feste und Spiele, die in der Regel bestimmten Anlässen folgten, prägten Freizeitgestaltung und gesellschaftlichen Umgang, zugleich strukturierten sie gemeinsam mit dem von Rom übernommenen Kalender den Jahreslauf. Beinahe ebenso wichtig wie die gemeinsame lateinische Sprache war das gemeinsame römische Recht, das Sicherheit bot und Verhaltensweisen berechenbar machte. In seiner Weiterentwicklung ist es noch heute Bestandteil unseres Zusammenlebens. Die römischen Münzen stellten endlich für das ganze Römische Reich ein einheitliches und überall gültiges Zahlungsmittel zur Verfügung.

Ein letzter Aspekt betrifft die Religion. Einheimische und römische Götter standen nicht in Konkurrenz, sondern sie ergänzten sich. Götter wie die Pferdeschutzgöttin Epona oder die Matronen – als Muttergottheiten mit Schutz- und Fruchtbarkeitsfunktionen – wurden beibehalten, die traditionellen stadtrömischen Götter oder solche aus den anderen Reichsteilen wurden neu eingeführt: Neben Iupiter, Iuno und Minerva verehrte man in den germanischen Provinzen auch den Sonnengott *Sol invictus*, Mithras, Isis oder Kybele. Gegenüber der Religionsausübung seiner Untertanen blieb Rom offen, in ihrem Wirken vergleichbare fremde Götter setzte man in Form der *interpretatio Romana* mit den eigenen Göttern gleich. Daraus hervorgegangen sind Mischformen, wie in unserem Bereich etwa der Apollo Grannus, Lennus Mars oder die Aufanischen Matronen. Verpflichtend war für Rom nur die Teilnahme am Kaiserkult, die unabhängig von den ansonsten gepflegten religiösen Praktiken von den Untertanen als Loyalitätsakt eingefordert wurde.

An der Religion zeigt sich vielleicht noch deutlicher als in den anderen Bereichen, daß die sogenannte *Romanisierung* kein von Rom intendierter oder gar bewußt gesteuerter Prozeß war, sondern daß es sich um eine Austauschbeziehung handelte, bei der beide Seiten, Einheimische wie Römer, gaben und nahmen. Ändern sollte sich diese religiöse Toleranz erst mit dem Christentum. Das Christentum selbst entsprach den zeitgenössischen Bedürfnissen nach einer Erlöserreligion, die auch dem Mithraskult schnell eine überragende Verbreitung im Römischen Reich gesichert hatte. Doch das monotheistische Christentum beharrte gegenüber anderen Religionen auf seinen Ausschließlichkeitsanspruch, forderte also von seinen Anhängern eine grundsätzliche Entscheidung. Nach sich steigernden Konflikten mit dem römischen Staat, in denen die Weigerung der Christen, den Kaiserkult auszuüben, eine zentrale Rolle spielte, wurde das Christentum schließlich mit dem Mailänder Toleranzedikt von 313 n. Chr. offiziell geduldet; schon bald wurde es staatlich gefördert und schließlich 380 n. Chr. von Theodosius zur Staatsreligion erhoben. Zu Beginn des 4. Jahrhunderts existierte zwar in Köln bereits eine Bischofskirche, doch am Rhein machte das Christentum bis zur Bekehrung der Franken auf römischem Boden zunächst noch an den Grenzen des Römischen Reiches halt. Anders sah es an der Donau aus, wo der Westgote Wulfila Mitte des 4. Jahrhunderts zum Bischof der Goten geweiht worden war. Seine Übersetzung der Bibel ins Gotische bereitete den Boden für die Massenbekehrung der Goten, die nach ihrem Übertritt auf den Reichsboden von 376 n. Chr. einsetzte. Viele Elemente des Römertums sollten von nun an gerade durch das Christentum bewahrt werden und in seinen Institutionen überdauern.

11. Das rechtsrheinische Germanien und seine Beziehungen zum Imperium Romanum

Während die Rhein- und Donauprovinzen zunehmend romanisiert wurden, blieben zahlreiche Kontakte Roms mit jenseits davon gelegenen germanischen Stämmen bestehen. Interesse an der Beibehaltung der zumeist in der Okkupationszeit entstandenen Verbindungen war gerade auch bei den Germanen vorhanden, die sie gegebenenfalls als Gruppe oder als Einzelpersonen zu aktivieren versuchten, um Rom als Partner in eigener Sache zu gewinnen.

Für die Cherusker lassen sich solche Kontakte noch durch das ganze 1. Jahrhundert verfolgen. Bereits im Jahre 19 n. Chr. bot sich ein Chattenfürst namens Adgandestrius an, Arminius in römischem Auftrag zu vergiften. Tiberius ließ das Schreiben des Chattenfürsten im Senat verlesen, lehnte das Angebot jedoch als mit der Würde des Römischen Volkes nicht vereinbar ab. Unzweifelhaft versuchte Adgandestrius, über diese Annäherung an Rom eine Belohnung oder günstigere Stellung für sich zu erwirken. Zugleich ist das Angebot schon ein Teil der tiefen inneren Konflikte unter den Cheruskern und den mit ihnen verbundenen Stämmen, die sich gegen die von Arminius angestrebte Königsstellung richteten. Spannungen zwischen Arminius, seinem Schwiegervater Segestes und seinem Onkel Inguiomerus waren schon in der Okkupationszeit und unter Germanicus zu erkennen. Noch in diesem Jahr fiel Arminius – wie Tacitus es knapp ausdrückt – während kriegerischer Auseinandersetzungen „durch die Hinterlist seiner Verwandten" (Tac. *annales* 2,88,2).

Durch fortgesetzte innere Kämpfe hatte sich die cheruskische Führungsschicht bis zum Jahr 47 n. Chr. derart geschwächt, daß ihre Gesandten jetzt den in Rom aufgewachsenen Neffen des Arminius zum König erbaten. Er war mittlerweile der einzige Überlebende aus der königlichen Sippe. Der Cheruskerprinz mit dem bezeichnenden Namen „Italicus" war ein Sohn des Flavus, der an der Erhebung des Arminius nicht teilgenommen und später Germanicus während dessen Wiedereroberungsversuche gegen seine eigenen Landsleute begleitet hatte. In einem Streitgespräch der beiden Brüder Arminius und Flavus über die Weser hinweg hat Tacitus in seiner Darstellung des letzten Feldzugsjahres die Grundpositionen einer prorömischen bzw. romfeindlichen germanischen Politik exemplarisch zusammengefaßt (Tac. *annales* 2,9 f.).

Italicus wurde jetzt von Claudius mit Geldmitteln und einer Leibwache ausgestattet, damit er, „in Rom geboren, nicht als Geisel, sondern als Bürger hinausgehe, um eine auswärtige Herrschaft anzutreten" (Tac. *annales* 11,16,1). Doch alsbald hatte auch Italicus Schwierigkeiten, sich im Stamm zu behaupten. Zur Stützung seiner Stellung scheint Rom nicht weiter eingegriffen zu haben, selbst wenn der Cherusker weiterhin zu seiner prorömischen Gesinnung stand. Mehr als eine Generation später, im Jahre 90 n. Chr., erbat ein um die Führung im Stamm streitender Cheruskerkönig namens Chariomerus abermals Geld und Waffen von Rom. Domitian ließ ihm zwar Geld zukommen, verweigerte jedoch die Waffenhilfe. Schon bald danach versanken die Cherusker in politischer Bedeutungslosigkeit.

Vergleichbare Verbindungen mit Friesen und Chauken, Ampsivariern und Brukterern – in deren Stamm Rom noch am Ende des 1. Jahrhunderts an der gewaltsamen Einsetzung eines Königs beteiligt war – und vor allem mit den verschiedenen Nachfolgern des Maroboduus-Reiches an der Donau differenzieren das Bild eines quasi ausgesperrten Germaniens und einer nach dem Varus-Ereignis scheinbar grundsätzlichen Konfrontation. Doch noch deutlicher als in den sporadisch über die Geschichte verteilten und oft zufällig erhaltenen schriftlichen Quellen lassen sich die wechselseitigen Kontakte im archäologischen Befund feststellen. Hier finden sich im gesamten Gebiet östlich des Rheins und nördlich der Donau, noch weit über die Weichsel hinaus und bis hoch nach Skandinavien hinein, eine Fülle von römischen Gütern, von Bronze- und Silbergefäßen, solchen aus *Terra Sigillata* und Glas, von Waffen, Fibeln, Bronzestatuetten, Löffeln, Spiegeln, Fingerringen und Schmuck. Vor allem durch die häufige Verwendung der wertvollen Importe als Grabbeigaben bzw. der Gefäße als Urnen – wodurch etwa die schon in Hinblick auf ihren Metallwert für die Zeitgenossen sehr kostbaren Bronzen einer Einschmelzung entgingen – haben sich die Gegenstände erhalten. Hinzu kommt in ebenso breiter Streuung eine Vielzahl römischer Münzen. In Abweichung von dem in Rom ausgeprägten Metallspektrum waren sie vornehmlich aus Silber; als Zeugnisse für eine Ausdehnung der römischen Geldwirtschaft bis tief nach Germanien hinein wird man sie folglich nicht interpretieren können.

Die chronologische Differenzierung der Funde fällt nicht immer leicht. Nach einer Häufung in augusteischer Zeit, die ohne Frage mit der Okkupationszeit zu verbinden ist, sinkt zunächst der Anteil der römischen Importe. Ausnahmen bilden etwa das friesische Gebiet oder aber der Bereich nördlich der mittleren Donau, wo sich die engen Beziehungen zu den Nachfolgern des Maroboduus-Reiches spiegeln. Ein leichter Anstieg der Importe ist wieder in der Mitte der 2. Hälfte des 1. Jahrhunderts festzustellen, doch erst ab der Mitte des 2. Jahrhunderts scheint ein massiver Zufluß in dann umso konzentrierterer Form eingesetzt zu haben. Größere Reichweite der Importe, eine insgesamt gleichmäßigere Streuung und ein breiteres Sortiment, mit dem auch einfachere Produkte nach Germanien gelangten, sind für diese Phase charakteristisch. Dominierten in der augusteischen Zeit noch italische Importe, so stammte jetzt die Mehrzahl der in Germanien gefundenen Gegenstände aus den benachbarten römischen Provinzen. Ein deutlicher Einbruch in der Einfuhr folgte wieder Ende des 2. Jahrhunderts bzw. in der ersten Hälfte des 3. Jahrhunderts: Ob die Datierung des scheinbar früher endenden Münzimports auf die übrigen Gegenstände übertragen werden darf, oder ob der Zufluß der Münzen eigenen Gesetzen folgte, ist derzeit noch ein offenes Problem. Möglich ist auch, daß im 3. Jahrhundert noch für einige Zeit ausgewählte ältere römische Münzen nach Germanien kamen, weil sie von besserem Metallwert waren als die neu ausgeprägten. Denn innerhalb des Römischen Reiches war der Nennwert einer Münze entscheidend, in den Gebieten außerhalb der Geldwirtschaft bestimmte hingegen nur die tatsächlich vorhandene Metallsubstanz den Wert einer Münze.

Zumeist werden die römischen Gegenstände im inneren Germanien als „Waren" angesprochen. Allerdings ist es angesichts der kaum Überschüsse erzielenden wirtschaftlichen Struktur schwierig, Produkte zu benennen, welche die Germanen für die zum Teil recht wertvollen römischen Gegenstände getauscht haben könnten. Die schriftlichen Quellen berichten zwar von Bernstein, germanischen Sklaven, Pelzen und Fellen, Schinken, Seife, Frauenhaar, Gänsefedern und ähnlichem, doch abgesehen vom Bernstein sind deren Menge, Wert und wirkliche Funktion in einem germanisch-römischen Austausch nicht immer klar erkennbar. Unter Berücksichtigung der schriftlichen Quellen muß man aber die Liste der römischen Ausfuhrgüter nach Germanien noch um Wein, Vieh und Getreide ergänzen, die dort mehrmals erwähnt werden, als vergängliche

Güter aber in der Regel keine archäologisch faßbaren Spuren hinterlassen haben. Das Ungleichgewicht einer hypothetischen „Handelsbilanz" wird so eher noch vergrößert.

Von der Forschung wurden entsprechend andere Wege zur Erklärung der römischen Importe in Germanien diskutiert. Zunächst wurde gefragt, ob es sich dabei überhaupt in der Mehrzahl um Einfuhren handelte, oder ob nicht ein Teil der Gegenstände von Germanen oder sogar von Römern in den Fundgebieten angefertigte Nachahmungen sind. In der Tat gibt es einige Zeugnisse für römische Handwerker, die sich in Germanien niedergelassen haben. Eine größere Zahl von ihnen hielt sich am Hof des Maroboduus auf, und der Wunsch auswärtiger Fürsten, von römischem *know-how* zu profitieren, zeigt sich auch etwa darin, daß der Daker Decebalus angesichts eines Friedensvertrags von Domitian ausdrücklich die Übersendung von in Friedens- wie Kriegstechniken bewanderten Handwerkern erbat. Mit der Aufdeckung eines kleinen Töpfereizentrums aus dem späten 3. Jahrhundert im thüringischen Haarhausen ist jetzt sogar erstmals ein archäologischer Nachweis gelungen: Die hier produzierte Keramik unterscheidet sich in nichts von der im Römischen Reich hergestellten Ware. Die Annahme germanischer „Lehrlinge" im Römischen Reich ist unwahrscheinlich, doch ebenso unklar ist, ob die dann römischen Handwerker freiwillig hierhin gezogen sind, ob es eine entsprechende vertragliche Abmachung gab oder ob die Handwerker vielleicht gewaltsam nach Germanien verschleppt wurden. Gerade seit dem späten 2. Jahrhundert wird die Verschleppung provinzialrömischer Bevölkerung durch germanische Gruppen immer wieder erwähnt – wenn auch vorrangiges Ziel solchen Menschenraubs war, die Opfer von den Angehörigen bzw. römischen Händlern oder Beauftragten zurückzukaufen zu lassen.

Weitere Möglichkeiten zur Erklärung der Importe sind, daß die römischen Gegenstände als – sicherlich oft die politischen Kontakte begleitenden – (Diplomaten-) Geschenke oder ganz im Gegenteil als Beute, als römische Abgaben, Tribute oder von den Germanen erhobene Wegezölle, durch Reisen einzelner Personen in der Antike oder eventuell gar erst durch moderne Verschleppung in das Gebiet des einstigen Germanien kamen. Die Verschiedenartigkeit der Deutungen weist bereits darauf hin, daß eine allein kaum ausreichen wird, um die Masse der römischen Importe zu erklären.

Schaut man sich die Verteilung der römischen Güter an, so lassen sich – wie an der Nordseeküste und nördlich der Donau – zunächst Verbindungen mit jenen Gebieten herstellen, die Rom politisch enger verbunden waren. Liegen hier besondere Verdichtungen vor, so zeigt sich auch, wie die Gegenstände von diesen Gebieten aus weiter ins Landesinnere streuten. Vor allem darin scheint ein weiterführender Ansatz zur Erklärung der Importe zu liegen. Allerdings bedeutet dies nicht, daß mit den politischen Verbindungen die Importe bereits erklärt sind. Was sich verändert darstellt, sind die Bedingungen, unter denen sie zustande kamen. Die Struktur des Warenaustauschs der Römer mit Germanien scheint in einigen Regionen ähnlich gewesen zu sein wie in den neu erschlossenen, wirtschaftlich noch relativ schwach entwickelten Provinzen. Die Bewohner dieser Gebiete, wie etwa jener an Rhein und Donau, verfügten in aller Regel bei der Ankunft Roms noch kaum über eigene Kaufkraft. Über das Angebot von kleineren landwirtschaftlichen Überschüssen und von Dienstleistungen versuchten sie, in einen Austausch mit den Bewohnern der Städte und insbesondere Militärlager zu treten, die ihrerseits über Geld und attraktive handwerkliche Produkte verfügten. Ebenso konnte die vermutlich über mehr Tauschgüter verfügende germanische Oberschicht bei bestehenden politischen Kontakten leichter an römische Waren gelangen.

So dürfte zunächst ein Großteil der in den Grenzregionen archäologisch feststellbaren und oft auch einfacheren Waren einem kleinen Grenzverkehr zuzuordnen sein. Dabei waren es in der Regel Germanen, die – wie Tacitus es von den Hermunduren oder auch Tenkterern berichtet – auf den benachbarten Märkten des Römischen Reiches Vieh- und Agrarprodukte anboten, um im Gegenzug wohl vor allem Waren bzw. Prestigegüter zu erwerben, die sie nicht selbst herstellen konnten. Daß das germanische Wort *kaupon* für „kaufen" von dem lateinischen *caupo* (= Schankwirt) stammt, ist neben vielem anderen ein illustratives Zeugnis für diesen Besuch römischer Märkte und Städte durch die Germanen.

Die Rolle römischer Händler, die mit ihren Waren durch die germanischen Gebiete zogen, ist demgegenüber sicherlich geringer zu veranschlagen. Der lange Zeit von der Forschung angenommene großorganisierte Fernhandel läßt sich nicht wirklich nachweisen. Großhändler und Handelsorganisationen, die – wie etwa beim *negotiator Daciscus* oder *negotiator Britannicianus* – das Zielgebiet ihres Handels stolz im Namen trugen, sind für Germanien nicht belegt. Den Typus der römischen Händler scheint man eher in jenen Abenteurernaturen vorzufinden, wie sie mehrmals in Caesars *Commentarii* erwähnt werden und ihm aufgrund ihres weiten Vordringens in das unbekannte Land als Informanten dienten, oder aber in einem an der Donau stationierten Soldaten, der in seiner aktiven Dienstzeit als Übersetzer für seine Legion tätig war und nach der Entlassung diese Kontakte zum Aufbau eines kleinen Handels nutzte. In neronischer Zeit fand die Expedition eines römischen Ritters viel Beachtung, der von *Carnuntum* aus quer durch die germanischen Gebiete bis zur Ostsee reiste und von dort riesige Mengen Bernstein nach Hause brachte. Doch trotz des überall gerühmten Erfolges dieser Expedition werden keine Nachfolgeunternehmungen bekannt.

Neben dem Warenaustausch dürften in der Grenzregion von einzelnen Germanen auch Dienstleistungen erbracht worden sein. Einen größeren Umfang nahmen in der Gruppe der Dienstleistungen vor allem aber die Soldgelder und Subsidien ein. Sie spiegeln zugleich den politischen Rahmen, in dem sich der römisch-germanische Austausch vollzog.

Das ausgeprägte Interesse germanischer Gruppen, sich als Söldner zu verdingen, war schon in vorcaesarischer und caesarischer Zeit erkennbar. Auch die von Rom während der Okkupationszeit zwangsrekrutierten bzw. als Bundesgenossen eingeforderten Kontingente germanischer Kämpfer werden eine gewisse Versorgung oder Besoldung erhalten haben. Anwerbung und Einsatz germanischer Einheiten durch Rom waren aber mit der Okkupationsphase keineswegs beendet. Für die Quaden und Markomannen sind Truppenstellungen auf der Grundlage vertraglicher Abmachungen oder freundschaftlicher Beziehungen während der ersten beiden Jahrhunderte nahezu durchgehend belegt; am Rhein erhellen der Bataveraufstand oder etwa die Revolte des obergermanischen Statthalters C. Sentius Saturninus im Jahre 89 n. Chr. schlaglichtartig, daß rechtsrheinische Truppen für Anwerbungen im Prinzip jederzeit zur Verfügung standen. Die Markomannenkriege zeigen dann in besonders dichter Form, wie germanische Gruppen immer wieder ihre Dienste gegen Sold anboten, um so ihre materielle Existenz zu verbessern oder den Lebensunterhalt überhaupt erst zu sichern.

Eine signifikante Anhäufung zeitlich eng zusammengehörender Goldmünzen und Bronzegefäße in Thüringen und Sachsen-Anhalt kann für das spätere 3. Jahrhundert mit großer Wahrscheinlichkeit sogar direkt mit dem Auftreten germanischer Truppen verbunden werden, die vom Gallischen Sonderreich angeworben worden waren und dann in ihre Heimat zurückkehrten. Vielleicht liegt in derartigen fallweise angeworbenen Kontingenten, die ihren Heimweg mit Sold und sicherlich auch Beute antraten, eine wichtige Erklärung für die teils in zeitlichen Wellen auftretenden und von bestimmten Formen dominierten Importe.

In engem Zusammenhang mit dem Sold stehen die Subsidien – Unterstützungsgelder, die germanische Fürsten von Rom erhielten. Aus dem 3. und 4. Jahrhundert ist ihre Zahlung als ein Mittel der römischen Außenpolitik gut bekannt, doch lassen sie sich auch bis ins 1. Jahrhundert zurückverfolgen: Als Beispiele wurden bereits die Cherusker Italicus und Chariomerus erwähnt. An der Donau scheint die Zahlung von Subsidien ein gängiges Mittel zur Pflege der Beziehungen und Stärkung der romfreundlichen Parteien in den germanischen Stämmen gewesen zu sein. Für die Markomannen und Quaden faßt Tacitus in einer die römische Politik auch sonst treffend charakterisierenden Weise zusammen, daß sie seltener durch

Waffen, öfter aber durch Geld unterstützt würden (Tac. *Germania* 42,2).

Im 2. Jahrhundert und insbesondere in der Zeit der Markomannenkriege bildeten Subsidien bereits ein festes Element der römischen Friedensregelungen. Über sie wurde sachlich verhandelt, und unregelmäßige Zahlungen wurden von den außerrömischen Stämmen auf offiziellem Wege beanstandet. Sie belegen zugleich eine schon weitgehende Abhängigkeit von diesen Unterstützungsgeldern. Ihre Wurzeln dürften die Zahlungen zum einen im Sold haben, der den Stämmen zum Unterhalt eines Heeres für den Grenzschutz gezahlt wurde, zum anderen in der Gabe von Geschenken. Doch der zunehmende Druck auf die Reichsgrenzen machte diese Zahlungen bald weitgehend zu „Stillhaltegeldern", die am Ende von den Germanen unter Drohungen eingefordert wurden: Längst schon wehrten Roms unmittelbare Nachbarn keine aus dem Landesinneren vordringenden Gruppen mehr ab, sondern sie selbst waren zu potentiellen Gegnern geworden. Einen Eindruck von der Höhe dieser – allerdings auch im Osten geleisteten – Zahlungen gibt eine Notiz des Cassius Dio vom Anfang des 3. Jahrhunderts; demnach sollen die Beiträge den jährlichen Unterhaltskosten des gesamten römischen Heeres entsprochen haben.

Es ist zu vermuten, daß die durch Sold und Subsidien erlangten Gelder zu einem nicht unbedeutenden Teil ins Römische Reich zurückflossen und dort gegen Waren getauscht wurden bzw. daß viele der römischen Gegenstände von den Söldnern oder den Gesandten der Fürsten an Stelle von Bargeld mit nach Hause genommen wurden. Münzen und Waren genossen innerhalb Germaniens auch Wertschätzung als Prestigegegenstände. Sie gelangten nicht nur durch vorauszusetzenden innergermanischen Handel, sondern auch durch soziale und politische Beziehungen weiter ins Landesinnere. Schon aufgrund dieser Funktion ist zu erwarten, daß die römischen Gegenstände im germanischen Gebiet in aller Regel eine längere Umlaufzeit bzw. Lebensdauer hatten, als innerhalb des Römischen Reiches.

Manche Gegenstände – wie die im Prinzip nur für die römische Art der Nahrungszubereitung erforderlichen Reibschalen oder aber auch die oft vollzähligen Trinkservices mit den paarweisen Gefäßen – legen nahe, daß mit dem materiellen Gut auch römische Sitten übernommen worden sind. Wie weit daraus etwa auch auf einen Nahrungsmittel- oder Weinimport bis wirklich tief ins Innere Germaniens tatsächlich geschlossen werden kann, ist ein kontrovers diskutiertes Problem. Eine andere Art der Austauschbeziehung ist schließlich noch aus dem Nordseeküstenbereich zu erwähnen: Durch Skelettfunde nachweisbare steigende Widerristhöhen während der Kaiserzeit deuten an, daß die so oft erwähnten kleinwüchsigen germanischen Rinder in dieser Gegend durch die größeren römischen verdrängt bzw. möglicherweise bewußt mit ihnen gekreuzt und dadurch in der Zucht verbessert wurden.

Ob der Einbruch in den römisch-germanischen Warenbeziehungen gegen Ende des 2. bzw. Anfang des 3. Jahrhunderts – wenn er sich denn in dieser Datierung bestätigten sollte – mit der baulichen Verdichtung des Limes in einem Zusammenhang stand, ist ein offenes Problem. Sicherlich stellen die Markomannenkriege aber einen Höhepunkt des Zustroms römischer Importe dar: Insoweit spiegeln die römischen Gegenstände nur eingeschränkt wirtschaftliche und in viel direkterem Maße, als bislang zumeist erwartet wurde, politisch-diplomatische Vorgänge – und zwar in einer eigenartigen Mischung aus Konfrontation und friedlicher Koexistenz.

12. Wandlungen in der germanischen Stammeswelt und das Ende des Limes

Langfristig gesehen markieren die von Mark Aurel (161–180 n. Chr.) über beinahe anderthalb Jahrzehnte an der Donau geführten Markomannenkriege einen grundsätzlichen Wandel in den römisch-germanischen Beziehungen. Nicht zu Unrecht werden sie vielfach als ein Vorläufer der Völkerwanderung gesehen. Die den Konflikt strukturierenden Elemente – wie etwa germanische Wanderkoalitionen, Einfälle ins Römische Reich und deren Abwehr, Ansiedlungsbegehren und Aufnahme geschlossener Gruppen ins Reich – bestimmten zwar im Prinzip das römisch-germanische Verhältnis seit seinen Anfängen und lassen sich auch an der Donau zu konkreten Vorphasen des Krieges zurückverfolgen, doch unter Mark Aurel erreichte dies alles eine neue Größenordnung. Wie zuletzt rund 300 Jahre zuvor gegen die Kimbern befand sich Rom jetzt erstmals wieder für längere Zeit in der Gefahr, das Gesetz des Handelns gegen die Nordvölker zu verlieren und in die Position des nur noch Reagierenden zurückgedrängt zu werden.

Die Einfälle größerer germanischer Gruppen zeigten zunächst, daß die lineare Stationierung des Heeres sich nicht für eine wirkliche Verteidigung des Reiches eignete. Hatten marodierende Gruppen erst einmal an einer Stelle den Durchbruch im Limes geschafft, so war ein weiterer Zug durch das ihnen nun schutzlos offen stehende *Imperium* im Prinzip weniger gefährlich als eine Rückkehr in die angestammten Gebiete. So zogen über die Donau vorgedrungene Gruppen um 170 n. Chr. durch Thrakien, Makedonien und Griechenland bis Eleusis, ungefähr gleichzeitig stießen Markomannen und Quaden nach Norditalien vor, belagerten Aquileia und zerstörten Opitergium (Abb. 14).

Vom Rhein sind aus diesen Jahren ebenfalls germanische Einfälle bekannt, wenn sie auch eher beiläufig überliefert werden und sich ihr Ausmaß nicht ganz ermessen läßt. In Obergermanien waren es Chatten, die in die Provinz einfielen, am Niederrhein hören wir von einem Einfall der Chauken. Für letztere zeichnet sich jetzt an verschiedenen Plätzen Nordwestgalliens archäologisch ein Zerstörungshorizont ab, der diesen Vorstößen ein größeres Gewicht einzuräumen scheint, als man es bislang aufgrund der literarischen Überlieferung vermutete.

Als Ursache dieser neuen Bewegung im germanischen Raum gilt allgemein der Aufbruch der Goten, die ihre Heimat an der unteren Weichsel verlassen hatten und nach Südosten zum Schwarzen Meer zogen. Doch sowohl die Entfernung zu den

98

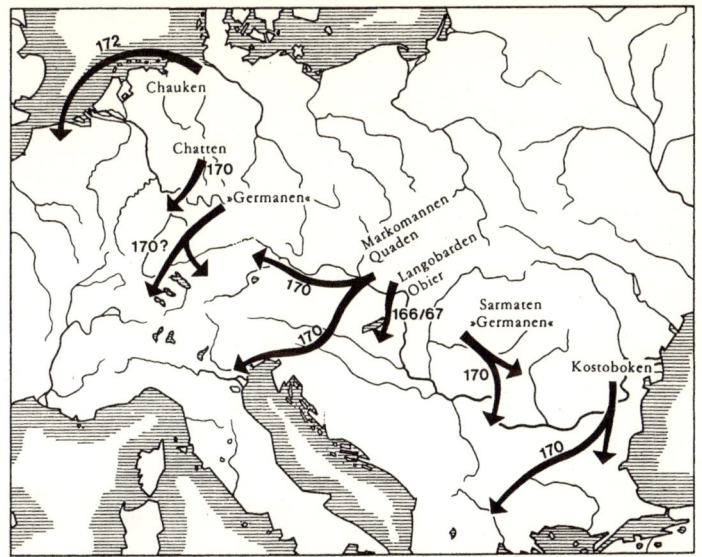

Abb. 14: Germanische Einfälle zur Zeit der Markomannenkriege

römischen Reichsgrenzen wie die Zugrichtung der Goten lassen vermuten, daß es in Nordeuropa zu einer insgesamt größeren Beunruhigung gekommen sein muß, von der die Bewegung der Goten nur einen Teil ausmachte. Auch wenn wir Ursachen und Verlauf nicht genauer kennen, so läßt sich die von dort ausgehende Mobilität doch als eine große Welle von Vertriebenen, von gesellschaftlich Ausgegrenzten oder Unzufriedenen, von Gruppen auf der Suche nach neuen Siedlungsgebieten zur Verbesserung oder überhaupt erst Sicherung der eigenen Existenz, schließlich von Beutegierigen und Abenteurern fassen. Die größte und stärkste Triebfeder war aber sicherlich existentielle Not; dies verdeutlicht die unter allen Beweggründen herausragende Bitte um Landanweisung bzw. die stete Bereitschaft, sich gegen Sold oder Belohnung ohne weitere Rücksichten in fremde Dienste zu stellen.

Dem schließlich auf die Grenzregionen des Römischen Reiches ausgeübten Druck wird man jedoch nicht durch ein

„Billardmodell" gerecht, wonach die germanischen Nachbarn Roms den auf sie selbst ausgeübten Impuls durch Einfälle ins *Imperium* weitergegeben hätten. Vielmehr handelte es sich um eine Bewegung aus sich ständig verändernden Wanderkoalitionen. Es kam zu wechselnden Anschlüssen von Einzelpersonen, von größeren und kleineren Gruppen, und im Gegenzug ebenso immer wieder zu Abspaltungsbewegungen. Der Vorgang der Wanderung selbst setzte ein ständiges Arrangement mit anderen Siedlern und Stämmen voraus, mit denen man sich über Durchzugsrechte, Versorgung, vorübergehende oder auch längerfristige Aufnahme und ähnliches verständigen mußte. Allein diese Kontakte leiteten zugleich immer wieder Veränderungen in der Zusammensetzung der schließlich weiterziehenden Gruppe ein.

In den Quellen dieser Zeit erscheint eine Vielzahl neuer Namen, die zumeist als Stämme gedeutet werden. Das Überdauern oder aber der baldige Untergang dieser Gruppen war – unabhängig von ihrer Größe – im Prinzip allein von Erfolg oder Mißerfolg abhängig. Der Art der Führung und der Stärke einzelner Führungspersönlichkeiten kam dabei sicherlich eine besondere Bedeutung zu. Denn soweit die wandernden Gruppen nicht mit alten Stämmen identisch waren oder doch in ihnen zumindest einen stabilen Kern hatten, dürften ihnen im Regelfall gemeinsame gesellschaftliche Vorstellungen und Erfahrungen, institutionelle Verfahrensweisen, festigende Traditionen und anderes mehr gefehlt haben. In diesem Sinne kam den wandernden Einheiten allein der Rang einer Zweckgemeinschaft zu, die sich zur Sicherung ihres Bestandes stets aufs Neue zu bewähren hatte.

Markomannen und Quaden scheinen den Gruppen zunächst Durchzugsrechte gewährt zu haben, damit diese selbst in Kontakt mit dem Römischen Reich treten konnten. Rom verweigerte sich in der Anfangsphase offensichtlich konsequent den Ansiedlungsbegehren. Ein Grund dafür war sicherlich auch, daß man mit diesen neuen Gruppen, die vorher keine Nachbarn des Reiches gewesen waren, noch keine Kontakte und Erfahrungen hatte und daß man wohl auch die Nachhaltigkeit der drohenden Gefahr nicht sah. Vielleicht schienen diese land-suchenden Gemeinschaften aber auch einfach zu fremd oder ihre Zahl bereits für eine friedliche Integration zu groß.

Erst nach einiger Zeit stellten sich Markomannen und Qua-den selbst an die Spitze dieser Bewegungen und wendeten sich gegen Rom. Aus ihrer Beteiligung ist dann die Bezeichnung des Konflikts als Markomannenkriege hervorgegangen. Das Ziel der Grenzstämme war nicht die Landnahme, sondern zu aller-erst das Beutemachen. Vermutlich hatten die Angreifer genau beobachtet, daß das Römische Reich in diesen Jahren durch den Partherkrieg, die verheerenden Auswirkungen der von dort eingeschleppten Pest sowie später schließlich die Erhebung eines Usurpators im Osten merklich geschwächt war. Gleich-wohl ließ die räumliche Tiefe der Wanderbewegung, die Viel-zahl, Wechselhaftigkeit und Heterogenität, oft auch die man-gelnde politische Ansprechbarkeit der beteiligten Gruppen diese im Regelfall nicht zu einem gemeinsamen und koordi-nierten Handeln kommen. Zugleich verdeutlicht gerade diese Schwierigkeit, den Gegner zu definieren, auch die römischen Probleme, die Situation durch militärische Gewalt oder politi-sche Mittel einzudämmen.

Im Laufe des Krieges ging Mark Aurel verstärkt dazu über, die verschiedenen Gruppen durch vertragliche Vereinbarungen einzubinden und ebenso die Gegner durch unterschiedliche Be-handlung aufzuspalten und gegeneinander auszuspielen. An-weisung von Siedlungsflächen innerhalb des Reiches und selbst in Italien, Einsetzung und Bestätigung von Königen, Eingliede-rung von Truppen ins eigene Heer, Subsidien und weitere ma-terielle Unterstützungen wie Getreidehilfen machten die eher friedlich-diplomatischen Bemühungen aus, während die eher militärisch-strategischen gekennzeichnet waren durch Freihal-tung eines Streifens am jenseitigen Donauufer, Regulierungen der Kontakte der germanischen Stämme untereinander – d. h. Koalitionsverbote und Regelungen des Marktverkehrs bis hin zur Anstiftung der gegenseitigen Kriegsführung –, verstärkt schließlich durch gänzliche Kompromißlosigkeit gegenüber einzelnen Stämmen. Die an diesen Kontakten interessierten

Gesandtschaften der größeren und kleineren Gruppen gingen beim Kaiser ein und aus, der die meiste Zeit selbst an der Front war und in *Carnuntum* Quartier genommen hatte. Allein schon die wirkliche Bedeutung der namentlich kaum bekannten Gemeinschaften zu erfassen und festzustellen, wer überhaupt für wen verbindliche Abmachungen treffen konnte, war ein Problem für sich geworden.

Umstritten ist, ob Mark Aurel nach einer weit vorgetragenen Offensive schließlich zwei neue Provinzen, eine *provincia Marcomannia* und eine *provincia Sarmatia* nördlich der Donau einrichten wollte. Aus der Tatsache, daß Gebiete bis zu 130 Kilometern landeinwärts durch Militäranlagen besetzt gehalten wurden und im letzten Kriegsjahr Heeresverbände von je 20000 Mann im Gebiet der Quaden und jenem der Markomannen überwinterten, konnte dieses durchaus geschlossen werden, zumal sich das Vertragssystem immer wieder als nur allzu brüchig erwies.

Doch nachdem Mark Aurel in *Carnuntum*, vermutlich ebenfalls an der Pest, gestorben war, wurde die Offensive von seinem Sohn Commodus eingestellt. Er zog die römischen Truppen in das Gebiet südlich der Donau zurück. Die gewaltige Kraftanstrengung der Markomannenkriege sollte immerhin für mehrere Jahrzehnte eine Sicherung der Donaugrenze bewirken. Gleichwohl war mit ihnen weder der innergermanische Raum beruhigt noch der Prozeß einer Bildung neuer Koalitionen unterbunden. In historischer Perspektive erscheint es eher so, daß sich der Vorgang der Großstammbildung jetzt für einige Zeit unbeobachtet von Rom jenseits der befriedeten Grenzstämme im Inneren Germaniens fortsetzen konnte, von wo aus sich dann Alemannen, Goten und Franken – um nur die größten Gruppen zu nennen – im 3. Jahrhundert abermals auf das Römische Reich zubewegten.

Die ersten Auseinandersetzungen dieser neuen Phase ereigneten sich am Obergermanisch-raetischen Limes. Bereits im Jahr 213 n. Chr. führte Kaiser Caracalla dort einen größeren Feldzug. Ob die germanischen Gegner schon als „Alemannen" angesprochen werden können, wie es die spätere Überlieferung tat, erscheint für diesen Einfall noch fraglich. Nach fortgesetzten Auseinandersetzungen in diesem Grenzabschnitt, vor allem in den Jahren nach 233 n. Chr., wurde der Obergermanisch-raetische Limes schließlich 259/60 n. Chr. überrannt. Alemannische Raubzüge bis tief nach Gallien hinein und selbst nach Italien folgten in den nächsten Jahrzehnten.

Ob der Einfall von 259/60 n. Chr. schon mit dem Ende des Obergermanisch-raetischen Limes gleichzusetzen ist, wurde in jüngster Zeit mit guten Gründen angezweifelt. Zum einen setzten sich in diesem Raum die Abwehrkämpfe Roms fort, und am Ende des 3. Jahrhunderts, insbesondere aber nach der Mitte des 4. Jahrhunderts feierte man an diesem Abschnitt wieder Erfolge und die Neubefestigung der Grenze. Zum anderen verweisen die archäologischen Befunde noch auf eine romanisierte Bevölkerung im Raum zwischen Limes und Rhein, deren Kontakte zum linksseitigen Rheingebiet nicht abgebrochen zu sein scheinen.

Vieles spricht dafür, daß die romanische Bevölkerung dieses Gebietes nicht von den Alemannen getötet, versklavt oder vertrieben worden war; vielmehr scheint dem Römischen Reich auch hier noch die Integration von alemannischen Neusiedlern und Vermischung mit der hier vorher seßhaften Bevölkerung gelungen zu sein. So stellt sich die alemannische Landnahme in Südwestdeutschland insgesamt eher als ein in vielen Phasen auch friedlich verlaufener Siedlungsvorgang dar denn als eine massierte militärische Okkupation durch einen geschlossenen Verband. Den politischen Anspruch auf diese Gebiete behielt Rom und konnte dies auch durch erfolgreiche Feldzüge untermauern.

Das „Ende des Limes" dürfte in diesem Abschnitt entsprechend erst Mitte des 5. Jahrhunderts anzusetzen sein, als die Zeit der größten Ausdehnung der Alemannen begann. Bis heute ungeklärt ist, in welchem Umfang sich die Ethnogenese der Alemannen, die noch im 4. und 5. Jahrhundert von vielen gleichzeitig regierenden kleineren Königen beherrscht wurden, vielleicht überhaupt erst in ihrer neuen Heimat vollzog – oder gar erst nach der Einfügung der Alemannen 537 n. Chr. in die

Provinzstruktur des fränkischen Merowingerreiches und damit nach ihrer territorialen Festigung. Das Problem hängt auch damit zusammen, ob der Name „Alemannen" als „Menschen oder Männer insgesamt" zu deuten ist, oder ob das „A" als bestärkende Silbe zu „Menschen/Männer" den Anspruch ausdrückt, „alle Menschen und die Menschheit insgesamt" zu repräsentieren. Er könnte dann in Zusammenhang mit einem semnonischen bzw. juthungischen Traditionskern auf ein weit zurückreichendes, jedenfalls der Einwanderung vorangegangenes gemeinsames Bewußtsein dieser Gruppe verweisen.

An der Donau waren es die Goten, die zwischen 238 und 271 n. Chr. mehrmals auf den Balkan und bis Kleinasien vorstießen. Während diese Züge sich zunächst weiter im Osten abspielten, fielen Mitte des 3. Jahrhunderts auch wieder Markomannen und Quaden sowie Vandalen und Bastarner ins Reich ein. Rom versuchte auch damals mit Subsidienzahlungen und Ansiedlungen in bewährter Form die Einbindung dieser Gruppen zu erreichen, ebenso kam es auch zu militärischen Abwehrversuchen. Mitte des Jahrhunderts fielen im Kampf gegen die Goten sowohl der römische Kaiser Decius wie sein zum Mitherrscher erhobener Sohn. Nach weiteren Kämpfen unter Claudius II., der dann den Siegernamen *Gothicus* trug, sowie nach einem entscheidenden Sieg Aurelians 272 n. Chr. über die Goten konnte für fast ein Jahrhundert eine gewisse Beruhigung erreicht werden.

Ein neuer Impuls in diesem Grenzabschnitt ging von den vordringenden asiatischen Hunnen aus. Bei ihrem Zug in den Westen zerstörten sie 375 n. Chr. das Ostgotenreich in Südrußland, im Jahr darauf besiegten sie die nördlich der Donau siedelnden Westgoten. Auf eigene Bitte wurden die Westgoten noch im selben Jahr durch einen Ansiedlungsvertrag von Valens ins Römische Reich aufgenommen. Konflikte in dem ihnen angewiesenen Thrakien, die unter anderem ihre Ursache in der dortigen korrupten Verwaltung hatten, brachten die Westgoten zum Anschluß an einen großen Plünderungszug aus Ostgoten, Hunnen und Alanen. Auch aus der romanischen Bevölkerung beteiligten sich zahlreiche Sklaven und Angehörige der

Unterschicht an dem Zug. Der sich ihnen erst spät entgegenstellende Valens erlitt bei Adrianopel 378 n. Chr. eine vernichtende Niederlage und fiel selbst in der Schlacht. Vier Jahre später kam es zwischen Theodosius I. und den Westgoten zu einem erneuten Ansiedlungsvertrag, in dem die gotischen Eroberungen in Nordthrakien de facto anerkannt wurden. Im Prozeß der territorialen Auflösung des Reiches stellt der Vertrag einen Markstein dar: Die Goten erhielten weitgehende Autonomie mit eigenem Herrscher und eigenen Gesetzen. Damit waren sie im Prinzip ein Staat im Staate geworden. Als Gegenleistung hatten sie die Grenze zu verteidigen und Soldaten zu stellen, die vermutlich unter eigenen, gotischen Führern kämpften.

Im Spannungsfeld zwischen römischem West- und Ostreich gelang den Goten in der Folge der weitere Ausbau ihrer Machtposition. Als die Zusammenarbeit mit dem zunehmend germanenfeindlichen Westreich scheiterte, zog der Westgotenkönig Alarich gegen Rom. Nach wiederholtem Anlauf nahmen die Germanen am 24. 8. 410 die Stadt ein und plünderten sie drei Tage lang. Damit stand seit dem Keltensturm von 387 v. Chr., nach rund 800 Jahren, erstmals wieder ein fremder Herrscher mit seinen Truppen in der Stadt, und abermals war es ein Heerführer aus dem Norden. Das Ereignis erschütterte die Zeitgenossen zutiefst. Für Augustinus war es Anlaß zur Abfassung seiner Schrift *De civitate dei*. In einer Verbindung von Weltgeschichte und christlicher Heilsgeschichte wies er darin den Vorwurf zurück, daß die aktuellen Katastrophen in der Abkehr von den alten Göttern und in der Hinwendung zum Gott der Christen begründet lägen.

Der niederrheinische Abschnitt der römischen Grenze wurde schließlich von den Franken bedroht. Unter dem Namen der „Franken", d. h. „Freien" trat eine Vielzahl kleinerer Stämme des östlichen Niederrheins in Erscheinung, die unter anderem als Brukterer, Ampsivarier, Chattuarier, Chamaven zum Teil noch aus der frühen Kaiserzeit bekannt waren. Wie sich dieser Zusammenschluß vollzog und ab wann man überhaupt von einer geschlossenen Gemeinschaft ausgehen kann, ist auch in diesem Fall noch weitgehend ungeklärt.

Den Auftakt der Grenzbedrohung machte ein großer Einfall um 257/60 n. Chr., bei dem fränkische Gruppen durch die germanische Provinz hindurch bis nach Gallien und Spanien vorstießen, wo sie insgesamt 12 Jahre umhergezogen sein sollen. Spektakuläre Grabungsbefunde bei Krefeld-Gellep geben ein ebenso authentisches wie dramatisches Zeugnis von dem Ereignis. Bewohner, die in ein Heiligtum des Mithras flüchteten, sind unter seinen Mauern begraben worden; ein freigelegtes Schlachtfeld mit übereinanderliegenden Menschen- und Pferdeskeletten zeigt, wie die Gefallenen nur notdürftig verscharrt werden konnten.

Zu einer gewissen Beruhigung kam es während der Zeit des Gallischen Sonderreiches (260–274 n. Chr.). Der Usurpator Postumus ließ sich von angeworbenen Franken unterstützen, richtete sich dann jedoch nicht gegen den in Rom herrschenden Gallienus, sondern begnügte sich mit einem Ausbau seiner Macht in Gallien. Diese Beschränkung und die ansonsten durchaus sachgerechte und den Reichsinteressen dienende Politik in Gallien trugen zum ungewöhnlich langen Bestand des Sonderreiches bei, das selbst mehrere Herrscherwechsel überdauerte.

Schon bald nachdem Kaiser Aurelian (270–275 n. Chr.) die gallische Usurpation niedergeschlagen, damit in gewissem Sinne allerdings auch die römische Präsenz und Handlungsfähigkeit im Westen geschwächt hatte, kam es wieder zu einem massiven Eindringen der Franken nach Gallien. Bei dem Angriff von 275/6 n. Chr. wurden alle Kastelle im nördlichen Teil des Niedergermanischen Limes zerstört. In den folgenden Jahrzehnten hielten die Auseinandersetzungen am Niederrhein an, die Herrscher vom Ende des 3. und Anfang des 4. Jahrhunderts ließen sich mehrfach als Frankensieger feiern. Mitte des 4. Jahrhunderts fielen fränkische Krieger noch einmal mit besonderer Wucht in das Reichsgebiet ein. Die *Colonia Ulpia Traiana*, Köln, Bonn und weitere Orte wurden zerstört. Nun erfolgte auch hier die politische Einbindung: Im Rahmen seiner großen Reorganisationsmaßnahmen am Rhein siedelte der spätere Kaiser Julian (360–363 n. Chr.) schließlich Teile der

Franken als wehrpflichtige Bauern im linksrheinischen Toxandrien an, dem heutigen niederländischen Nordbrabant.

In der Folgezeit und insbesondere im 5. Jahrhundert stellten sich zahlreiche fränkische Führer mit ihren Truppen in römischen Dienst. Sie bekleideten dort hohe militärische Ränge und stiegen selbst bis zum Oberbefehlshaber des Heeres in Gallien auf. Im Gegenzug wurden ihnen mit ihren Familien weitere Ländereien in Nordostgallien angewiesen. Auch in diesen Gebieten scheint eine weitgehende Integration der Siedler aus dem Rechtsrheinischen in die romanische Bevölkerung gelungen zu sein. Aus der Vielzahl der eingesickerten fränkischen Gruppen ging in der zweiten Hälfte des 5. Jahrhunderts endlich das Merowingerreich Chlodwigs mit einem zentralisierten Königtum an der Spitze hervor. Damit wurden die im Prinzip heterogenen, aber mit der gemeinsamen Erfahrung des Reichsdienstes auch ähnlich gewordenen germanischen Stammesgruppen auch politisch geeinigt. Neben der zurückgewonnenen Eigenstaatlichkeit Galliens machte vor allem die Taufe Chlodwigs 496 n. Chr. in Reims – und damit seine Anerkennung der Werte der gallisch-römischen Bevölkerungsmehrheit –, ihn im französischen Geschichtsbewußtsein zum legitimen Herrscher und Begründer „Frankreichs".

Insgesamt stand die Westhälfte des Römischen Reiches spätestens seit der Mitte des 5. Jahrhunderts weitgehend unter germanischer Herrschaft – auch wenn die Bezeichnung der Stämme als *Germanen* außer Gebrauch gekommen und durch die Namen der einzelnen Großstämme verdrängt worden war. Eine übergreifende „germanische" Identität ist für die neuen Stämme nicht mehr erkennbar. Auch unter diesem Gesichtspunkt fällt die Antwort auf die Frage, ob es unter den Stämmen jenseits von Rhein und Donau dieses gemeinsame Bewußtsein denn früher jemals gegeben habe, wohl eher negativ aus.

Die Reaktionen Roms auf die seit dem 3. Jahrhundert aufgekommene neue Lage an der Nordgrenze bestanden im militärischen Bereich in der allmählichen Abkehr von der linearen Stationierung der Truppen. Wichtige Etappen waren die Gründung einer mobilen Reiterei als Eingreiftruppe im Hinterland durch Gallienus (253–268 n. Chr.). Konstantin (306–337 n. Chr.) führte diese Strategie weiter und bildete schließlich in großem Umfang aus den Grenztruppen ein Reservekorps, das als Bewegungsheer gleichfalls tiefgestaffelt in den Städten des Hinterlandes stationiert war.

In baulicher Hinsicht gab es am Limes noch einmal Verstärkungsphasen unter Konstantin und Valentinian (354–375 n. Chr.). Als neuer Festungstyp für die aufgrund der Reduktion der Grenztruppenstärke verkleinerten Anlagen kamen stark befestigte *burgi* auf, die oft in den vorher existierenden Militärlagern unter Ausnutzung vorhandener Bausubstanz errichtet wurden. Die tiefen Einfälle der germanischen Gruppen ins römische Hinterland bewirkten zugleich, daß sich die Städte des Reiches nun ebenfalls nach und nach mit schweren Mauerringen umgaben. Wie früh die Angst selbst das Reichszentrum erfaßt hatte, verdeutlicht die unter Aurelian wiederaufgenommene und noch heute an vielen Stellen sichtbare Ummauerung Roms.

Am wichtigsten und folgenreichsten waren allerdings die politischen Reaktionen. Wie schon in den Markomannenkriegen wurde auch in den Jahrhunderten danach immer wieder versucht, die eingefallenen Gruppen politisch einzubinden. Freilich waren die Größenordnungen jetzt oft ganz andere geworden, und viele vertragliche Abmachungen sanktionierten rechtlich nur noch das, was faktisch schon nicht mehr rückgängig zu machen war. Vor allem wurde den Germanen ein Status als *foederati* zuerkannt, als Bundesgenossen des Römischen Reiches. In diesem Status konnten ihnen Ländereien überlassen werden, während sie im Gegenzug Rom mit ihren Truppen unterstützten. Größe und Eigenständigkeit dieser *foederati* machen es für die Forschung bis heute schwierig zu entscheiden, wie lange man sie noch als reichsangehörig bezeichnen kann bzw. ab wann sie einen eigenen staatlichen Verband repräsentierten. Erschwert wird dies dadurch, daß die germanischen Führer vielfach in die römischen Kommandostrukturen eingebunden wurden. Dies trug als institutionelles Gerüst auch wesentlich zur Festigung ihrer Führungsposition in der eigenen Gruppe bei, die sich bis dahin ja oft allein auf den stets neu zu erbringenden Nachweis ihrer hervorgehobenen Leistungsfähigkeit gründete. Ob die Frage der Reichsangehörigkeit allerdings überhaupt ein von Rom reflektiertes Problem war, erscheint fraglich. Unter dem Druck der Verhältnisse ging es in den vertraglichen Abmachungen vor allem um eine pragmatische Einbindung, die von der konkreten Situation, d. h. von den jeweiligen Stärkeverhältnissen abhängig war.

Aufgrund dieser ständigen politischen Einbindung und der vielfach erkennbaren Integrationsleistung der Bevölkerung sind auch Schlagwörter wie jene vom „Fall des Limes", von der „Verdrängung der Römer" in der Völkerwanderung bzw. von einem sich hier auskämpfenden grundlegenden „römisch-germanischen Gegensatz" zu hart formuliert und führen in die Irre. Vielmehr stellten sich die eingedrungenen Germanen in der Regel in römische Traditionen. Es ging ihnen nicht um die Vernichtung der römischen Zivilisation – wenn es auch die Römer zumeist so sahen und dieses auch die Perspektive unserer Quellen ist –, sondern in erster Linie um Teilhabe. Schon nach kürzester Zeit identifizierten sich die meisten Germanen mit dem Reich und gingen dann auch ohne irgendwelche Skrupel gegen andere „barbarische" Germanen vor. Nicht zuletzt war spätestens im 4. Jahrhundert mit der Trennung von Christentum und Heidentum ein neues Identitätskonzept gegeben, das geeignet war, den Römer-Barbaren-Gegensatz zu überlagern, auch wenn diesbezüglich zwischen den arianischen Goten und den in der Regel katholischen Romanen Spannungen blieben.

Deutlich zeigt sich diese Aneignung auch bei Theoderich, dem ersten germanischen Kaiser in Westrom. Im Auftrag des oströmischen Herrschers Zeno stürzte er den Usurpator Odoaker, der 476 n. Chr. den letzten römischen Kaiser des westlichen Reichsteils, Romulus Augustus, abgesetzt hatte. Von seinem Heer wurde Theoderich daraufhin zum König der Römer und Goten ausgerufen, und schließlich erkannte ihn auch der neue Ostkaiser Anastasius (491–518 n. Chr.) an. Neben den seinen Gefolgsleuten geschuldeten Elementen eines germanischen Königtums stellte Theoderich sich vor allem aber demonstrativ in die Tradition des weströmischen Kaisertums, wobei es in Herrschaftsideologie, Repräsentation und Herrschaftspraxis geradezu zu einer Wiederbelebung vieler bis in die frühe Prinzipatszeit zurückreichender Elemente kam.

Während also im Hinblick auf Politik und Bewußtsein bei der neuen Reichsspitze eine Kontinuität, ja sogar eine Renaissance römischen Selbstverständnisses erkennbar wird, bietet für die Wirren und Gefahren, welche die Völkerwanderung trotz allem für die einfache Bevölkerung und insbesondere jene der Grenzprovinzen mit sich brachte, Eugipps Vita des Heiligen Severin ein erhellendes Beispiel: In der von Hunnen und anderen Gruppen bedrohten Provinz Noricum kümmerte sich der Heilige in der Mitte des 5. Jahrhunderts um die Versorgung der Bevölkerung mit Kleidung und Nahrungsmitteln, organisierte Verteidigungsmaßnahmen, kaufte Gefangene frei und leitete schließlich die Evakuierung der Zivilbevölkerung vom bedrohten Westen nach Osten ein.

13. Das Arminiusbild und die Erforschung der Römerzeit in Deutschland und Österreich

Die Erforschung der römisch-germanischen Beziehungen in den deutschsprachigen Ländern ist traditionell von zwei verschiedenen Perspektiven und zum Teil auch durch unterschiedliche Interessen geprägt, von einer germanischen und einer römischen Sichtweise. Die germanische Perspektive bemüht sich um die Aufdeckung der frühgeschichtlichen Anfänge Nordeuropas. Neben den archäologischen Befunden stehen ihr – in Ermangelung einer germanischen Überlieferung – als früheste schriftliche Quellen allerdings nur die Nachrichten der griechischen und römischen Autoren zur Verfügung, die aus ihrer Perspektive mit je eigenen – auch zeitgenössischen – Interessen und Verständnismöglichkeiten das ihnen Fremde beschrieben haben. Während aus germanischer Perspektive die römisch-germanischen Beziehungen lange Zeit unter dem Aspekt der Gegensätzlichkeit und teils auch der Ausgrenzung akzentuiert – und in diesem Sinne ebenso Identitätskonzepten dienstbar gemacht – wurden, steht im Zentrum der römischen Perspektive die Würdigung des kulturellen Einflusses, den Rom bis in diese nördlichen Regionen hineingetragen hat. Insgesamt greift die Beschäftigung mit der Römerzeit seit jeher weit über den Kreis der eigentlichen Forschung hinaus, wobei zahlreiche künstlerische und literarische Bearbeitungen des Sujets dazu beigetragen haben, unterschiedlichste Vorstellungen von Römern und Germanen und der Zeit ihrer gemeinsamen Geschichte zu festigen.

Erinnerungen an die Römerzeit und Beschäftigungen mit ihr lassen sich für Nordeuropa bis in das Mittelalter zurückverfolgen. Im großen Geschichtswerk Otto von Freisings aus der Mitte des 12. Jahrhunderts wird etwa die Varusschlacht erwähnt, die heutige „Palastaula" in Trier beschrieben und selbst der Mainzer Eichelstein als Denkmal des Drusus identifiziert. Freilich sind derart präzise Bestimmungen für die Zeit selbst insgesamt weniger charakteristisch als ausgeprägtes Fabulieren. Vor allem die sichtbaren Überreste wurden mit Sagen und Mythen, mit biblischen und profanen Geschichten in oft phantastischer Weise verbunden und erklärt.

Mit der Wiederentdeckung der antiken Autoren in Renaissance und Humanismus setzte eine völlig neue Phase ein. Für die Beschäftigungen mit den römisch-germanischen Beziehungen bildeten die Entdeckung der *Germania* des Tacitus 1455 im Kloster Hersfeld und ihre *editio princeps* (älteste Ausgabe) 1470, sodann jene der *Annales*, eines Geschichtswerkes desselben Autors, im Kloster Corvey 1507 Marksteine. War die griechisch-römische Antike in der Renaissance zu einem zeitlosen Vorbild geworden, deren Normen und Werte auch für die Gegenwart Gültigkeit besitzen sollten, so zeigte sich den deutschen Humanisten jetzt vor allem in der *Germania* – in den Begriffen der Antike, und nicht zuletzt dadurch von höchster Autorität – eine Welt, die sie als eigenes Altertum identifizieren konnten und deren Existenz ihnen Mittel zur Konkurrenz mit und Emanzipation von Italien und Rom bot. Ungeachtet der zeitlichen Distanz verknüpften sie die deutsche Geschichte mit dem Germanentum, verbanden den Begriff „Deutsche Nation" konsequent mit ethnischen Vorstellungen und beschrieben schließlich mit den antiken Quellen einen Idealtyp des „deutschen Menschen", der auch für die eigene Gegenwart Grundlage und Orientierung sein sollte.

Entnahmen die deutschen Humanisten der Schrift des Tacitus vorrangig die von ihnen als positiv empfundenen Charaktermerkmale, so zeigt die berühmte Polemik des Enea Silvio Piccolomini von 1458, des späteren Papstes Pius II., bereits die Breite des möglichen Interpretationsspektrums der Quelle: Er ging von dem unhistorischen Ansatz ab und nahm die in der *Germania* des Tacitus beschriebenen Zustände als düsteren Kontrast zur Gegenwart, um so die segensreiche Entwicklung, die Deutschland unter dem Einfluß der christlichen Religion genommen habe, aufzuzeigen. Nur einige Jahre später erinnerte ganz im Gegensatz dazu der päpstliche Gesandte Giantonio Campano die deutschen Fürsten auf dem Regensburger Reichstag von 1471 mit Hilfe der Taciteischen Schrift an die besondere Kampfkraft der „Deutschen", um sie für den Krieg gegen die Türken zu gewinnen.

Ein anderer Aspekt der Wiederauffindung der Schriften war, daß nun versucht wurde, die dort genannten Orte, Namen und Ereignisse mit den konkreten zeitgenössischen Stätten zu identifizieren. Vielfache Impulse gab bei dieser Suche auch die sogenannte *Tabula Peutingeriana* – die mittelalterliche Kopie einer römischen Weltkarte aus dem Besitz des Humanisten Konrad Peutinger (1465–1547), von der ein kleiner Ausschnitt den Umschlag dieses Bändchens ziert – mit ihren zahlreichen Ortsnamen. Einen besonderen Rang nahm bei der Identifizierung der historischen Stätten von Anfang an der Ort des Sieges von Arminius über Varus ein. In den *Annalen* des Tacitus war ein *saltus Teutoburgiensis* – ein „teutoburgisches (Wald)gebiet" – erwähnt, nicht weit entfernt von den äußersten Brukterern (*ad ultimos Bructerorum*). Nach ihm wurde von nun an mit Hilfe der schriftlichen Quellen und ebenso unter Heranzie-

112

hung von Bodenfunden intensiv gesucht. Vorgeschlagene Lokalisierungen waren das als „Teutoburg" gedeutete Duisburg, immer wieder das Waldland zwischen Ems und Lippe, aber auch ganz im Süden gelegene Orte wie Augsburg. Der vielfach als *saltus Teutoburgiensis* in Anspruch genommene Osning wurde schließlich im 17. Jahrhundert auf Initiative des lippischen Pastors Piderit von dem Paderborner Bischof Ferdinand von Fürstenberg in *Teutoburger Wald* umbenannt, eine Namensänderung, die sich bis heute durchsetzen konnte. Die Suche nach dem Ort der Varusschlacht entsprach in vielem einer Suche nach der *patria*, der Heimat und dem Ursprungsort eines als ideelle Einheit gesehenen Germaniens, das hier seine Freiheit errang.

Die ständige Sehnsucht deutscher Gelehrter nach einer Identifizierung mit den Germanen ist insbesondere an der jahrhundertelangen intensiven Behandlung des „Arminius-Motivs" abzulesen. Schon Ulrich von Hutten rühmte den Cherusker in seinem wirkungsmächtigen *Arminius-Dialog* aus dem Jahre 1529 als „ersten Vaterlandsverteidiger" und sprach den mit den Deutschen seiner Gegenwart identifizierten Germanen eine gemeinsame kulturelle Identität sowie moralische und erprobtermaßen militärische Überlegenheit zu. Vergleichbare Behandlungen des Stoffes liegen unter anderem von Beatus Rhenanus und Melanchthon vor. Der später so weit verbreitete Name „Hermann" für Arminius kam 1530 erstmals im Umkreis von Martin Luther auf, abgeleitet aus „Heer-mann" für *dux belli*. Während Luther selbst bekannte: „*Wenn ich ein poet wer, so wollt ich den zelebrieren. Ich hab in von hertzen lib"* (*Tischreden* 5, 415), entdeckten seine Anhänger Parallelen mit Arminius: Die Gegenüberstellung von Arminius und Reformation auf der einen Seite sowie Varus und römischer Kirche auf der anderen erlaubte zugleich Prognosen über den Ausgang des Konflikts.

Zahlreiche literarische Bearbeitungen des Arminius-Stoffes folgten im 16. und 17. Jahrhundert. Sicherlich ist es auch auf das Mißverhältnis von der Vielzahl der Fassungen zu den aus den Quellen gesicherten Informationen zurückzuführen, wenn die Ausschmückungen immer stärker zunahmen und der historische Arminius darunter zu verschwinden drohte. Die menschlichen Bezüge – wie die Liebesgeschichte zwischen Arminius und Thusnelda – wurden nun stärker in den Vordergrund gerückt, und oft wollten die Arminius-Bearbeitungen nur noch unterhalten. Am Ende des 17. und Anfang des 18. Jahrhunderts wurde „Arminius" schließlich ein beliebtes Opernmotiv.

Ein neuentdeckter Aspekt im wieder stärker politisierten Arminiusbild war im 18. Jahrhundert der Kampf Partikularismus gegen Zentralgewalt. Der von seinen eigenen Verwandten an der dauerhaften Errichtung einer Zentralgewalt gehinderte Arminius war ebenso tragisches wie mahnendes Beispiel für die scheinbaren Erfordernisse der Zeit. Diese, etwa von Justus Möser 1749 in seinem Trauerspiel *Arminius* vorgebrachte Auslegung sollte vor allem auf den politischen Zusammenhalt der deutschen Gebiete nach innen wirken, wobei Möser auch schon das Problem der Entartung einer zentralen Herrschaft zur absoluten Monarchie reflektierte.

Spätestens nach der napoleonischen Besetzung der deutschen Gebiete stand dann wieder die Abgrenzung nach außen ganz im Zentrum des Stoffes. Die sicherlich anspruchsvollste Bearbeitung des Arminius-Motivs aus dieser Zeit ist Heinrich von Kleists *Hermannsschlacht*. Die Römer repräsentieren hier die napoleonischen Besatzer und wurden subtil charakterisiert. Auf der Gegenseite stehen die uneinigen und teils kollaborierenden deutschen Stammesfürsten, von denen nur der „Preuße" Arminius die Notwendigkeit eines gemeinsamen Vorgehens erkennt. Bezeichnend ist die Werkgeschichte: 1808 geschrieben, unterlag das Stück sofort der Zensur. 1821 wurde es aus dem Nachlaß veröffentlicht, und es dauerte nochmals 18 Jahre bis zur Uraufführung. Erst im Zuge des deutsch-französischen Krieges und der Proklamation des Kaiserreiches von 1871 sollte das Stück verstärkt gespielt werden. 1914, unmittelbar nach Kriegsbeginn, eröffnete Kleists Hermannsschlacht die neue Saison am Berliner Schillertheater. Boten verkündeten damals zwischen den Akten die aktuellen Siegesmeldungen von der französischen Front. Erst durch Claus Peymanns fulminante Bochumer Inszenierung aus der Mitte der 80er Jahre ist das politisch mißbrauchte und in der Botschaft verengte Stück mit seinen durchaus tieferen Bezügen für unsere Zeit überhaupt wieder als spielbar entdeckt worden.

Unter dem Napoleon-Erlebnis wurde die als „Hermanns-schlacht" gedeutete Varuskatastrophe für die Deutschen zum Symbol der Selbstbehauptung und der Befreiung von der Fremdherrschaft. Sie stand im Zentrum des sich verschärfenden Spannungsfeldes zwischen Romanismus und Germanismus. Die „Hermannsschlacht" zierte das Giebelfeld der *Walhalla*, der 1842 eingeweihten „Ruhmeshalle" des Deutschen Volkes bei Regensburg. Im Jahr zuvor war der Grundstein für das Hermannsdenkmal bei Detmold gelegt worden. Die schwierige Finanzierung des groß angelegten Projekts zögerte die Fertigstellung immer weiter hinaus, und sie konnte erst durch eine Spende Preußens im Jahr der Reichsgründung 1871 zum Abschluß gebracht werden. Vier Jahre später wurde das Denkmal des nach Westen und damit zugleich nach Frankreich blickenden „Befreiers Deutschlands" in Anwesenheit des Kaisers gewissermaßen als wilhelminisches Siegeszeichen eingeweiht.

Spätestens jetzt hatte sich der unter den Humanisten noch durchaus international angelegte kulturelle Germanismus zu einem politischen Germanismus gesteigert. Das vorherrschende Identifikationsmuster verschob sich konsequent von der Taciteischen *Germania* zum „Befreier" Arminius. Der weitere Weg des im nationalen Fieberwahn überhöhten Arminius-Mythos ist bereits in den Zeilen von Felix Dahns *Siegesgesang nach der Varusschlacht* von 1872 vorgezeichnet: *„Heil dem Helden Armin. Auf den Schild hebet ihn. Zeigt ihn den unsterblichen Ahnen: Solche Führer wie den gib uns, Wodan, mehr – und die Welt, sie gehört den Germanen!"*

Deutsche Germanenidentifizierung und die in der Varuskatastrophe scheinbar erwiesene Überlegenheit gingen schon bald mörderische Verbindungen mit dem Rassismus ein. Der neue Höhepunkt des wissenschaftlichen und ideologischen Germanismus – der gewissermaßen als Kompensation des gedämpften Selbstwertgefühls nach dem 1. Weltkrieg aufblühte – bereitete diesem bereits vor der Zeit der nationalsozialistischen Herrschaft den Boden. Auch die fachwissenschaftlichen Veröffentlichungen dieser Jahre konnten sich nicht immer den Tendenzen der Zeit entziehen – wollten es in einigen Fällen auch nicht.

Daß es nach dem 2. Weltkrieg in nahezu allen Bereichen der Germanienforschung zu einem Kontinuitätsbruch gekommen ist, überrascht vor diesem Hintergrund nicht. Eine neue Phase der sachbezogenen Beschäftigung wurde mit den *Arminius-Studien* von Dieter Timpe eingeleitet. Die teils heftigen Reaktionen nach Erscheinen seines Buches zeigen noch heute eindrucksvoll den schmerzhaften Lösungsprozess von tiefverwurzelten Vorstellungen. Vor allem Timpes Identifizierung des sozialen Typus des Arminius als einen unter Eid stehenden Befehlshaber römischer Hilfstruppen – womit dem Überfall auf Varus eher der Rang einer Meuterei denn der einer aus dem „Volksgeist" entsprungenen nationalen Erhebung zukam – rief außerhalb der Wissenschaft heftigste Widersprüche hervor. Doch die äußerst sorgfältigen Quelleninterpretationen Timpes haben der weiteren Wissenschaft den Grund gelegt. Die Instrumentalisierungen des Stoffes, die hier bewußt gemacht wurden, und das erreichte argumentative Niveau haben sicherlich dazu beigetragen, daß auch die Auffindung des mutmaßlichen Ortes der Varusniederlage bei Kalkriese keine nationalen Aufgeregtheiten auslöste.

Parallel zu dem Arminiusbild und den wechselnden Identifizierungen ist die Beschäftigung mit den konkreten antiken Hinterlassenschaften der Römer und Germanen in Nordeuropa zu betrachten. Den Funden und Befunden entsprechend, galt das Interesse stärker den römischen Überresten. Eine intensive Auseinandersetzung mit den römischen Bodendenkmälern begann ebenfalls bereits unter den Humanisten: Bauliche Überreste, Inschriften und Münzen wurden erfaßt und gesammelt, zugleich wertete man sie vor dem Hintergrund der verbesserten Kenntnisse über die Antike und in deutlicher Abkehr von den Fabelbildungen als historische Quellen aus. Charakteristisch für die neue Ernsthaftigkeit und Sorgfalt sind etwa Johann Huttich und Balthasar Geyer aus Mainz, die Anfang des 16. Jahrhunderts umherzogen und die Bürger der Stadt sowie die Bauern des Umlandes befragten, um eine Bestandsaufnahme der römischen Überreste vorzunehmen. Auch kleine Grabungen wurden in dieser Zeit bereits vereinzelt vorgenommen. Gesammelt wurden die Bodenfunde in den Kuriositätenkabinetten und Wunderkammern der Fürstenhöfe; für Österreich ist die umfangreiche Sammlungstätigkeit Maximilians I. besonders hervorzuheben.

Nach einem ersten Höhepunkt unter den Humanisten ist für die Zeit des Barock ein wieder eher schwindendes Interesse an der wissenschaftlichen Beschäftigung mit der Antike festzustellen. Zwar wurden auch weiterhin Inschriften gesammelt und publiziert, Ausgrabungen vorgenommen und Sammlungen ergänzt bzw. neu angelegt – während andere, oft nach Erbfällen, aufgelöst wurden und geradezu spurlos verschwanden –, doch auf der Gegenseite stand etwa auch die Verwendung von römischen Inschriften und von Architekturteilen als leicht verfügbare Baumaterialien zur Errichtung der Festungen des 17. und 18. Jahrhunderts.

Mitte des 18. Jahrhunderts nahm das historische Interesse dann einen erneuten Aufschwung. Im Jahr der in Pompeji aufgenommenen Ausgrabungen, 1748, stellte die Preußische Akademie der Wissenschaften in Berlin die Preisaufgabe *„Wie weit der Römer Macht, nachdem sie über den Rhein und die Donau gesetzt, in Deutschland eingedrungen, was vor Merkmale davon ehemals gewesen und etwa noch vorhanden seien".* Sie leitete damit eine große Zahl von Untersuchungen, von Grabungen und neuen Veröffentlichungen ein. Stärker sensibilisiert wurde man jetzt auch für den ständig drohenden Verlust durch Raubgräber, Schatzsucher und leichtsinnige Zerstörung des archäologischen Erbes der Antike. Als eine der ersten denkmalpflegerischen Maßnahmen stellte 1755 Franz I. von Österreich das sogenannte Heidentor bei *Carnuntum* unter Schutz und verbot bei Strafe weiteren Steinraub. Zahlreiche Landesverordnungen versuchten für ihren Bereich die Altertümer zu schützen, ohne daß sie freilich in ihrem Wirkungsgrad tatsächlich stets kontrollierbar bzw. durchsetzbar gewesen wären.

Das 19. Jahrhundert, vor allem seine erste Hälfte, wurde in Deutschland die Zeit der historischen Vereine bzw. Altertumsvereine. Ihr Ziel war eine Hinwendung zur „Vaterländischen Vorzeit", wobei sie im Gegensatz zum politischen Germanismus der nach-napoleonischen Zeit zumeist von Anfang an das römische Erbe als Teil der eigenen Geschichte mitberücksichtigten. Von den Vereinen ging eine intensive, regional geprägte Forschung aus; sie führten Ausgrabungen durch und waren die Initiatoren für die Errichtung zahlreicher Museen. So wurde 1801 in Trier die „Gesellschaft für nützliche Forschungen" gegründet, die für das Umland von Trier in systematischer Weise die Berichte über Entdeckungen römischer Altertümer sammelte. 1820 wurde in Bonn der Vorläufer des Rheinischen Landesmuseums gegründet, 1841 der noch heute aktive „Verein von Altertumsfreunden". 1843 wurden der Badische und im selben Jahr der Württembergische Altertumsverein gegründet – um nur einige weitere zu nennen –, von grundsätzlicher Bedeutung wurde schließlich 1874 die gleichzeitige Gründung der Provinzialmuseen in Bonn und Trier, den späteren Rheinischen Landesmuseen.

Ab der Mitte des 19. Jahrhunderts setzte überdies in breitem Maße eine Institutionalisierung der Wissenschaften ein. Zu erwähnen, weil auch für die römisch-germanischen Beziehungen vielfach grundlegend, ist das von der Berliner Akademie der Wissenschaften gegründete Unternehmen zur Sammlung aller lateinischen Inschriften, das *Corpus Inscriptionum Latinarum*. In Österreich wurde 1869 an der Universität Wien erstmals ein Lehrstuhl für Klassische Archäologie eingerichtet, von besonderer Bedeutung wurde jedoch die Gründung des Instituts für Römische Geschichte, Altertumskunde und Epigraphik im Jahr 1876, das sich fortan in vielfacher Weise der römischen Vergangenheit Österreichs widmete. Ergänzt wurde dieses von dem 1898 gegründeten Österreichischen Archäologischen Institut. Auch in den deutschen Ländern kam es in den Jahren zwischen 1860 und 1900 an der Mehrzahl der Universitäten zur Einrichtung von Lehrstühlen für Alte Geschichte.

Von besonderer Bedeutung und großem Ertrag erwiesen sich die institutionellen Bemühungen zur Erforschung des Limes. Die große Wall-Graben-Anlage war seit dem Mittelalter als *Pohl* bzw. *Pfahlgraben* bekannt. Sie wurde zunächst als heidnisches, später dann als römisches Bauwerk beschrieben, wobei es seit der Zeit des Humanismus immer wieder zu Versuchen einer Rekonstruktion des genauen Verlaufs und auch zu Nachgrabungen in einzelnen Abschnitten kam. Nach mehreren Versuchen wurde 1892 auf Initiative des bedeutendsten deutschen Altertumswissenschaftlers und späteren Nobelpreisträgers Theodor Mommsen (1817–1903) die Reichslimeskommission gegründet, zur Untersuchung des „*ältesten großen historischen Bauwerks, welches Deutschland besitzt*". Vor allem angesichts des allerorten praktizierten Steinraubs mahnte Mommsen, „*daß von den noch erhaltenen Zeugen dieser fernen Vergangenheit jeder Tag weiteres abbröckelt*". Ausdauernden Widerstand gegen das Unternehmen leisteten die betroffenen Länder, die sich in Sorge um ihre Eigenständigkeit einer zentralistischen Regelung entgegen stellten.

Ziel der Reichslimeskommission war es, Anlage, genauen Verlauf und Chronologie des Limes festzustellen, wofür man zunächst einen Zeitraum von fünf Jahren einplante. Zu diesem Zweck wurde der gesamte Limes in 15 Strecken eingeteilt, die von ehrenamtlichen Streckenkommissaren betreut wurden. Von 1894 bis 1937 wurden ihre Ergebnisse in insgesamt 56 Lieferungen des Werks *Der Obergermanisch-Raetische Limes des Römerreichs* veröffentlicht, von dem sich eine erste Abteilung den Strecken widmete, eine zweite den dahinter liegenden Kastellen. Daß die Fertigstellung auch angesichts der ständigen Überschreitung des ursprünglichen Zeitplans gelang, ist insbesondere dem Engagement von Ernst Fabricius (1857–1942) zu verdanken, der ab 1903 die Koordination übernahm.

Für den verbliebenen östlichen Limesabschnitt wurde in Österreich 1897 in Anlehnung an das deutsche Limesunternehmen und auf Initiative von Friedrich von Kenner die

„Kommission zur Erforschung des römischen Limes in Ober- und Niederösterreich" gegründet. Vor allem in der Zeit bis zum Ausbruch des 1. Weltkriegs entfaltete sie vielfältige Aktivitäten und führte wichtige Grabungen in den Legionslagern von Lorch und *Carnuntum* durch. Nur sehr eingeschränkt konnten die Unternehmungen während der Zwischenkriegszeit fortgesetzt werden; nach dem 2. Weltkrieg wurde die Kommission dann reaktiviert. Neben zahlreichen Notgrabungen und einer regen Publikationstätigkeit bildet die weitere Erforschung von *Carnuntum* immer noch einen Schwerpunkt ihrer Forschung.

Eine vergleichbare zentrale Funktion für die Erforschung der römisch-germanischen Beziehungen in Deutschland besitzt heute die Römisch-Germanische Kommission, die 1902 als eine Zweigstelle des Deutschen Archäologischen Instituts aus der Reichslimeskommission hervorgegangen ist. Zahlreiche Grabungen und wissenschaftliche Großprojekte werden von ihr betreut, die Ergebnisse selbst in eigenen Schriftenreihen und den Zeitschriften *Germania* und *Berichte der Römisch-Germanischen Kommission* publiziert.

An den Universitäten fällt die Erforschung der römisch-germanischen Beziehungen heute mit je anderen Akzentsetzungen den Fächern Ur- und Frühgeschichte, Archäologie und Alte Geschichte zu. Nur an wenigen Universitäten konnte sich bislang ein Schwerpunkt Archäologie oder Geschichte der römischen Provinzen herausbilden, der die verschiedenen fachwissenschaftlichen Ansätze und Methoden zu einem Gesamtbild zusammenzieht.

Ausgeschilderte Limeswanderwege, Freilichtanlagen und Streckenführer erschließen heute den Limes und viele andere römische Bauwerke in Deutschland einem breiten Publikum. Das lebhafte Interesse, das die Zeugnisse jener Epoche, da die Römer Geschichte, Gesellschaft und Kultur in Germanien in starkem Maße prägten, auch heute noch quer durch alle Nationalitäten und Altersgruppen finden, belegt eindrucksvoll, daß ihr Auftreten, seine Folgen und seine Rezeption feste Bestandteile unseres kulturellen Gedächtnisses geworden sind.

Zeittafel

Ca. 387 v.Chr.	Einnahme Roms durch die Kelten
113–101 v.Chr.	Einfälle der Kimbern und Teutonen in das Römische Reich
58–51 v.Chr.	Eroberung Galliens durch Caesar
55 v.Chr.	Erster Rheinübergang Caesars
53 v.Chr.	Zweiter Rheinübergang Caesars
39/38 v.Chr.	Erste Statthalterschaft des M. Vipsanius Agrippa in Gallien: Umsiedlung der Ubier (?)
20/19 v.Chr.	Zweite Statthalterschaft des M. Vipsanius Agrippa in Gallien: Bau einer Fernstraße von Lyon über Trier bis nach Köln (Neuss?)
17/16 v.Chr.	Niederlage des Lollius
15–13 v.Chr.	Augustus in Gallien: Neuordnung der Provinz; Vorverlegung der Truppen auf die Rheinlinie
12–9 v.Chr.	Germanienfeldzüge des Drusus
7 v.Chr.	Triumph des Tiberius über Germanien
ca. 1–4 n.Chr.	Unruhen in Nordwestdeutschland (*immensum bellum*)
4–6 n.Chr.	Wiedereroberungen des Tiberius in Nordwestdeutschland
6–9 n.Chr.	Pannonischer Aufstand
9 n.Chr.	Niederlage des Varus in *saltus Teutoburgiensis*
13–16 n.Chr.	Germanicus als Oberbefehlshaber der Rheintruppen; Versuch der Wiedereroberung
17 n.Chr.	Triumph des Germanicus über Germanien und „die bis zur Elbe besiegten Völker"
39 n.Chr.	Germanienfeldzug des Gaius (Caligula)
50 n.Chr.	Das *Oppidum Ubiorum* wird als *Colonia Claudia Ara Agrippinensis* zur Kolonie erhoben
69–70 n.Chr.	Bataveraufstand
81–85 (?) n.Chr.	Chattenkriege Domitians
um 85 n.Chr.	Einrichtung der beiden Provinzen *Germania Inferior* und *Germania Superior*
98–117 n.Chr.	Kaiser Trajan: Ausbau des Limesgebietes und Dakerkriege
117–138 n.Chr.	Kaiser Hadrian: Ausbau des Limesgebietes
167–180 n.Chr.	Markomannenkriege
212 n.Chr.	*Constitutio Antoniniana*: Verleihung des Bürgerrechts an alle Provinzialen
238–271 n.Chr.	Vorstöße der Goten an der oberen Donau
257/60 n.Chr.	Einfall der Franken am Niederrhein bis Gallien und Spanien

259/60 n.Chr.	Alemannen überrennen den Obergermanisch-raetischen Limes
260–274 n. Chr.	Gallisches Sonderreich
275/6 n.Chr.	Franken überrennen den nördlichen Teil des Niedergermanischen Limes
293 n.Chr.	Trier wird unter Konstantius Chlorus Kaiserresidenz
306–337 n.Chr.	Kaiser Konstantin: Reorganisation des Heeres; Befestigung der Rheingrenze
356–359 n.Chr.	Umfassende Reorganisationsmaßnahmen Julians am Rhein; Ansiedlung fränkischer Gruppen in Toxandrien; Sieg über die Alemannen bei Straßburg (357 n. Chr.)
364–375 n.Chr.	Valentinian: Wiederherstellung und Festigung der Rheingrenze
378 n.Chr.	Römische Niederlage gegen die Westgoten und andere Germanen bei Adrianopel
382 n.Chr.	*Foedus* mit den Westgoten
410 n.Chr.	Einnahme Roms durch die Westgoten
496 (?) n.Chr.	Taufe des Frankenkönigs Chlodwig in Reims
497 n.Chr.	Theoderich d. Gr. vom Ostkaiser Anastasius als Regent in Italien anerkannt

Literatur

Die literarischen und ausgewählten inschriftlichen Quellen zu den Germanen sind in zwei modernen Quellensammlungen zusammengestellt, die die Texte zweisprachig wiedergeben und kommentieren. Sie werden in Zukunft Ausgangspunkt jeder Beschäftigung mit den römisch-germanischen Beziehungen sein: *J. Herrmann (Hrsg.),* Griechische und lateinische Quellen zur Frühgeschichte Mitteleuropas bis zur Mitte des 1. Jahrtausends u. Z., 4 Bde., Berlin 1988–1992; *H.-W. Goetz/K.-W. Welwei (Hrsg.),* Altes Germanien. Auszüge aus den antiken Quellen über die Germanen und ihre Beziehungen zum römischen Reich. Quellen der alten Geschichte bis zum Jahre 238 n. Chr. 2 Teile (= Ausgewählte Quellen zur deutschen Geschichte des Mittelalters, Freiherr von Stein-Gedächtnisausgabe, Bd. 1a/1 u. 2), Darmstadt 1995 (Bd. 1b in Vorbereitung).

Vor allem aufgrund der umfassenden Auswertung des archäologischen Materials ist trotz mancher bei Einzelinterpretationen vorzunehmender Abstriche ebenso unentbehrlich: *Die Germanen.* Geschichte und Kultur der germanischen Stämme in Mitteleuropa. Ein Handbuch in 2 Bdn., hrsg. von einem Autorenkollektiv unter der Leitung von B. Krüger. Bd. 1: Von den Anfängen bis zum 2. Jh. unserer Zeitrechnung, 2. Aufl. Berlin

1978; Bd. 2: Die Stämme und Stammesverbände in der Zeit vom 3. Jh. bis zur Herausbildung der politischen Vorherrschaft der Franken, Berlin 1983. Einen neueren knappen Überblick bietet *H. Wolfram*, Die Germanen (= C.H. Beck WISSEN), München 1995, und insbesondere der als Separatdruck erschienene Artikel aus der Neuauflage des Reallexikons der Germanischen Altertumskunde *H. Beck/H. Steuer/D. Timpe (Hrsg.)*, Die Germanen. Studienausgabe (= Germanen, Germania, germanische Altertumskunde: Reallexikon der Germanischen Altertumskunde), Berlin/New York 1998.

Die Untersuchungen zur politischen Geschichte der römisch-germanischen Beziehungen haben ihren Schwerpunkt in der Okkupationszeit. Grundlage aller weiteren Forschungen wurde *D. Timpe*, Arminius-Studien, Heidelberg 1970; dazu unter Einbeziehung der frühen Kaiserzeit *R. Wolters*, „Tam diu Germania vincitur". Römische Germanensiege und Germanensieg-Propaganda bis zum Ende des 1. Jh. n. Chr., Bochum 1989 sowie *ders.*, Römische Eroberung und Herrschaftsorganisation in Gallien und Germanien. Zur Entstehung und Bedeutung der sogenannten Klientel-Randstaaten, Bochum 1990; zuletzt *J. Deininger*, Flumen Albis. Die Elbe in Politik und Literatur der Antike (= Berichte aus den Sitzungen der Joachim Jungius-Gesellschaft der Wissenschaften e.V., Jg. 15, Heft 4), Hamburg 1997. Eine instruktive Skizze zu den römisch-germanischen Beziehungen und den Austauschbeziehungen bietet *S. von Schnurbein*, Vom Einfluß Roms auf die Germanen (= Vorträge der Nordrhein-Westfälischen Akademie der Wissenschaften, G 331), Opladen 1995.

Überblicke zur archäologischen Situation und ihrer historischen Auswertung geben für Norddeutschland *W. Busch (Hrsg.)*, Rom an der Niederelbe, Neumünster 1995; für die Lipperegion *B. Trier (Hrsg.)*, 2000 Jahre Römer in Westfalen, Münster 1989 sowie *J.-S. Kühlborn (Hrsg.)*, Germaniam pacavi – Germanien habe ich befriedet. Archäologische Stätten augusteischer Okkupation, Münster 1995. Dazu kommt für den Limes allgemein der immer noch unersetzte Forschungsüberblick von *H. Schönberger*, Die römischen Truppenlager der frühen und mittleren Kaiserzeit zwischen Nordsee und Inn, BerRGK 66, 1985, 321–497; eine Ergänzung für Österreich bieten *H. Friesinger/F. Krinziger (Hrsg.)*, Der römische Limes in Österreich. Führer zu den archäologischen Denkmälern, Wien 1997.

Besonders ertragreich sind zwei angesichts der Funde von Kalkriese herausgebrachte Kolloquiumsbände, die diesen Fundplatz aktuell dokumentieren, die teils ebenfalls neuentdeckten Parallelplätze wie Marktbreit und Lahnau-Waldgirmes vorstellen und den Gesamtbefund historisch auswerten, insbesondere aber auch von Anfang an der Rezeption der römisch-germanischen Beziehungen die gebührende Aufmerksamkeit entgegenbrachten: *R. Wiegels/W. Woesler (Hrsg.)*, Arminius und die Varusschlacht. Geschichte – Mythos – Literatur, Paderborn 1995; *W. Schlüter/R. Wiegels (Hrsg.)*, Rom, Germanien und die Ausgrabungen von Kalkriese, Osnabrück 1999.

Zum römischen Germanien und Aspekten der Romanisierung liegen zusammenfassende Darstellungen vor von *T. Bechert*, Römisches Germanien zwischen Rhein und Maas. Die Provinz Germania Inferior, München 1982; *Ch.-M. Ternes*, Römisches Deutschland. Aspekte seiner Geschichte und Kultur, Stuttgart 1986 sowie zuletzt *Th. Fischer*, Die Römer in Deutschland, Stuttgart 1999. Sehr informativ und vorzüglich ausgestattet ist darüber hinaus eine nach Bundesländern gegliederte Reihe, die neben allgemeinen Einführungen in die römische Geschichte und Kultur des jeweiligen Bundeslandes auch einen alphabetisch angeordneten Führer zu den verschiedenen archäologischen Stätten gibt: *D. Baatz/F.-R. Herrmann (Hrsg.)*, Die Römer in Hessen, Stuttgart 1982; *Ph. Filtzinger/D. Planck/B. Cämmerer (Hrsg.)*, Die Römer in Baden-Württemberg, 3. Aufl. Stuttgart 1986; *H.G. Horn (Hrsg.)*, Die Römer in Nordrhein-Westfalen, Stuttgart 1987; *H. Cüppers (Hrsg.)*, Die Römer in Rheinland-Pfalz, Stuttgart 1990; *W. Czys/K. Dietz/Th. Fischer/H.-J. Kellner (Hrsg.)*, Die Römer in Bayern, Stuttgart 1995 sowie für die Schweiz *W. Drack/R. Fellmann*, Die Römer in der Schweiz, Stuttgart 1988. Für Österreich kann auf den knappen Überblick von *A. Betz/E. Weber*, Aus Österreichs römischer Vergangenheit, Wien 1990 verwiesen werden.

Die Zeit der germanischen Großreiche ist jetzt durch ebenso aktuelle wie gewichtige Ausstellungskataloge vorzüglich dokumentiert: *Die Alamannen*. Begleitband zur Landesausstellung Baden-Württemberg, hg. vom Archäologischen Landesmuseum Baden-Württemberg, Stuttgart 1997; *Die Franken*. Kataloghandbuch in 2 Teilen, hg. von A. Wieczorek/P. Périn u.a., 2. durchgesehene und ergänzte Auflage 1997. Für die Goten schließlich *H. Wolfram*, Die Goten. Von den Anfängen bis zur Mitte des 6. Jahrhunderts. Entwurf einer historischen Ethnographie, 3. Aufl. München 1990.

Verzeichnis der Abbildungen

C. H. Beck'sche Verlagsbuchhandlung, München: 1; Bayerischer Schulbuchverlag, Rosenheim: 2; Konrad Theiss Verlag, Stuttgart: 3, 4 b, 9, 10 a und 10 b; Landesmuseum Mainz: 4 a: Institut für Numismatik der Univesität Wien: 5, 7 und 8; Landesvermessungsamt NRW: 6 (Verkleinerung aus der Deutschen Grundkarte 1 : 5 000/Nr. 2000 021); Saalburgmuseum, Bad Homburg; 11, 13; Verlag Moritz Diesterweg, Frankfurt am Main: 12; Römisch-Germanisches Zentralmuseum, Mainz (Jahrbuch des Römisch-Germanischen Zentralmuseums 22, 1975): 14.

Register

125